W0393549

LES STARS DE LA COUPE DU MONDE

Benjamin Danet

LES STARS DE LA COUPE DU MONDE

Mareuil
Éditions

PARUS CHEZ MAREUIL ÉDITIONS

Kopa, par Raymond Kopa, 2016
Les poteaux carrés de Glasgow, Yves Jean, 2016
Didier Deschamps, face à l'histoire, Philippe Grand, 2018
Champion du monde ! Baptiste Desprez, 2018
Kylian Mbappé, rendez-vous avec l'éternité, Martin Le Prince, 2019
Sélectionneurs des bleus, Pierre Cazal, 2020
L'épopée des Bleus à l'Euro, Pierre Cazal, 2021

Tous droits réservés. Toute représentation ou reproduction intégrale ou partielle faite par quelque procédé que ce soit est interdite sans l'autorisation écrite de l'éditeur.

Pour vous tenir informé des prochaines publications de Mareuil Éditions, rendez-vous sur : www.mareuil-editions.com

© MAREUIL ÉDITIONS – 2022

SOMMAIRE

PRÉAMBULE
Au plus près des étoiles

Au gré des époques, et d'un modeste ballon rond qui nourrit l'histoire, la référence demeure inéluctable. Comme une évidence, ou un besoin, de rattacher les événements à ceux qui les subliment. Il en fut ainsi, déjà, en 1958 avec Just Fontaine, en 1970 avec Pelé, en 1986 avec Diego Maradona, et même en 1998 ou en 2018, forcément, avec nos héros contemporains, Zinédine Zidane et Kylian Mbappé.

Chaque Coupe du monde renvoie à des rires, des larmes, des buts et autant de souvenirs. Désigne un vainqueur et érige sa star, anglicisme non galvaudé qui confère à certains footballeurs un plus juste statut. Juste ? Oui, car si l'exceptionnel est par nature une denrée rare, le sport le plus populaire au monde en produit jusqu'à ras la gueule. Que de joueurs hors du commun, de gestes venus d'ailleurs, vus, revus et disséqués depuis des décennies. Que d'émotions et d'incarnations du beau, partagées tous les quatre ans du Brésil à la Suède, des États-Unis à la Russie. Que de stress et d'hystérie, enfin, face au temps qui s'arrête et aux talents conjugués de Lionel Messi, Cristiano Ronaldo, Neymar, Antoine Griezmann et Riyad Mahrez, pour ne citer qu'eux.

Autant être clair, la 22e édition de la Coupe du monde qui s'annonce n'a pas grand chose pour elle. Ni son pays organisateur, le Qatar, qui, historiquement et culturellement, est au ballon rond ce que l'hygiène de vie était à Diego Armando Maradona. Ni sa programmation, en plein hiver, qui chamboule calendriers et organismes. On ne s'imagine pas fêter un succès, en terrasse ou en pleine rue, dans la froideur de l'hiver. Goûter à l'allégresse, et la partager, emmitouflés dans nos habits de saison. On ne se délecte pas non plus, et à l'avance, des stades clairsemés et des ventilateurs au bord des (fausses) pelouses. Un artifice, un de plus, qui renvoie le foot à la rubrique business et qui, parfois, érode l'amour foot autour de la planète.

Raison avouée, et donc suffisante, pour se délecter des stars, des vraies. Celles d'aujourd'hui et, sait-on jamais, de demain. De leurs gestes, de leurs caractères. De simples footeux citoyens du monde qui, en l'espace de trois semaines, vont une fois encore bouleverser notre quotidien et alimenter la boîte à souvenirs. Une évidence, donc, ainsi qu'un besoin par les temps qui courent.

ALLONS ENFANTS...

L'avoir vu pour comprendre. Et même y goûter pour se convaincre du parfum enivrant. C'est une France qui gagne, avec des millions de gens dans les rues, sourire aux lèvres, bonheur en bandoulière. Une fierté de l'instant, partie pour durer, qui, charme parfois excessif du sport populaire, balaye en 90 minutes des années de rancœurs et de rancunes.

Nous sommes, nous Français, assez bien placés pour le savoir. Les larmes de Séville, un soir d'été 1982 face à la République fédérale d'Allemagne de l'abhorré Harald Schumacher, ont ainsi mis seize ans à sécher, s'évaporant grâce aux talents conjugués d'une génération estampillée black-blanc-beur. Dominique Rocheteau, Bernard Lacombe, Marius Trésor, Michel Platini et son carré magique, des noms glorieux et si doux à entendre, au passé comme au présent, mais trop longtemps associés à une plaie béante, cicatrisée le 12 juillet 1998 en un match de folie remporté face au Brésil dans la chaleur suffocante du Stade de France.

Le tragi-comique épisode du bus de Knysna, en 2010, lors de la World Cup sud-africaine, s'est dissipé d'un coup, d'un seul, huit ans plus tard, grâce aux exploits conjugués de N'Golo Kanté, Olivier Giroud, Kylian Mbappé et consorts, conquérants bienfaiteurs d'une heureuse campagne de Russie. Une seconde étoile sur le maillot frappé du coq et une Coupe du monde « rapportée à la maison » ordonnaient presque naturellement l'amnésie, renvoyant les enfants gâtés et leur misérable grève à un simple raté de l'histoire.

Tel est le charme de l'équipe de France de football. Portée aux nues ou aux gémonies, en fonction des résultats et de son comportement. Les Bleus, sélectionnés d'hier et d'aujourd'hui, incarnent au fond bien davantage qu'une simple équipe. Une échappatoire plutôt, un médicament sans ordonnance, une lueur dans la grisaille. On perd sans eux, bien évidemment, mais on gagne avec eux. Et il n'est aucune raison avouée pour que la prochaine édition au Qatar échappe à la (curieuse) règle.

Trois semaines durant, du 21 novembre au 18 décembre prochain, place donc à une France bleue-blanc-foot, à des horaires de bureau aménagés, à d'impérieux rendez-vous devant les écrans et au stress d'avant et pendant le match. Pas encore de France qui gagne, on vous l'accorde, mais déjà l'envie d'y être. Et, sait-on jamais, avec des effluves de parfum enivrant.

KYLIAN MBAPPÉ, L'ASCENSION PROGRAMMÉE

Évoquer le parcours de Kylian Mbappé offre un avantage et souffre d'un inconvénient. Talent, précocité, aptitude à se maintenir au plus haut niveau, autant de caractéristiques qu'on se délecte de coucher sur le papier. Plus complexe, en revanche, est la question du chiffre juste, de la statistique inéluctable, tant l'enfant de Bondy explose chaque record à une vitesse rare.

Bondy, justement, bordure de Paname, département de la Seine-Saint-Denis. Le 93, redouté et décrié, là où tout a commencé, le 20 décembre 1998, jour de sa naissance. Cadre d'une folle ambition, théâtre d'un impérieux besoin : aller plus vite, plus haut, plus fort. Les méfaits de la banlieue, et ses persistants clichés, sont à ranger aux oubliettes. Aussitôt. Car enfant, et même adolescent, le jeune Kylian ne traîne pas, n'entretient aucune mauvaise fréquentation. Unique direction : le droit chemin. École, football, maison, dodo, le quotidien est huilé et savamment encadré par des parents pour qui le sport, à haute intensité, ne s'apparente pas à une tare. Kylian n'aime pas l'école, mais y passe les classes sans encombre, limite surdoué, s'échappant parfois dans ses rêves de ballon rond.

Ce dernier, il le pratique à l'AS Bondy, stade Léo-Lagrange, en face du domicile familial. Autre terrain, de jeu cette fois, où le surdoué, qui enfile son premier maillot à l'âge de 4 ans, excelle, enfilant les buts et les exploits au gré des matches disputés. Et puisque d'aller sur le terrain sablé chaque jour, après l'école, ne suffit pas, les vacances permettent au fils et au père (Wilfried) de peaufiner différents gestes techniques. Le savoir-faire vire à l'obsession, y compris dans une autre activité, plus inattendue celle-là : la musique. Entre 2004 et 2009, de 6 à 11 ans, Kylian Mbappé est inscrit au conservatoire de Bondy. Il y lit la musique, s'adonne à la flûte traversière et rejoint de temps à autre la chorale. Sa professeure de l'époque, Céline Bognini, dans les colonnes du *Parisien* (17 octobre 2018) : « Il était un vrai soleil, toujours hyperactif et plein de vie. J'animais la chorale et on se produisait souvent dans le parc de la mairie. On sentait que Kylian avait un truc à part et un tempérament remarquable. Sa personnalité se dégageait du lot. »

Cette personnalité, chevillée au corps, on en trouve l'expression au mois de septembre 2011 à l'occasion du premier choix fort de la famille Mbappé. Les parents, Wilfried et Fayza, confrontés au talent rare de leur fils, alors âgé de 12 ans, savent bien qu'une carrière de joueur professionnel ne s'improvise pas. Pas de précipitation, aucun choix à opérer dans l'urgence, mais pas de temps à perdre. Lui, ancien footballeur né à Douala, au Cameroun, s'est hissé au niveau régional avant de s'installer près de Paris en qualité d'éducateur et entraîneur des U15 de Bondy. Elle, Fayza Lamari, son nom de jeune fille, a pratiqué le handball au sein de l'élite, première division féminine, à Bondy justement, entre la fin des années 1990 et le début du siècle suivant. Conscients des qualités de leur progéniture, et d'un devenir qui passe obligatoirement par un centre de formation, les parents Mbappé bénéficient d'un atout majeur pour nourrir leur réflexion : l'expérience.

Elle a pour nom Jires Kembo Ekoko, prodige zaïrois d'une dizaine d'années qui doit son prénom à l'amour immodéré de son père pour le footballeur français Alain Giresse… Arrivé en France à l'âge de 6 ans, en 1994, pour y faire des études et « avoir une vie meilleure », selon son père resté au pays, Jires trouve refuge chez son oncle, avant d'intégrer l'AS Bondy. Wilfried Mbappé l'accueille et devient même, au fil du temps, son tuteur légal, habilité à accompagner le gamin dans ses futurs choix de carrière. La détection, l'Institut national du football, à Clairefontaine, pour une accélération de parcours à 13 ans, les propositions alléchantes de clubs professionnels, la (bonne) décision à prendre, et surtout à assumer : Mbappé père connaît.

Voilà donc pourquoi, en septembre 2011, le départ de Kylian du domicile familial pour Clairefontaine n'inquiète personne. Pas plus l'enfant que les parents. Wilfried Mbappé connaît le lieu, la méthode, les entraîneurs, et peut même se tourner vers un collège, à Rambouillet, pour les études de son fils. C'est toujours avec recul, et discernement, que les plus folles propositions sont repoussées. Le calme, sans la tempête, malgré une bonne dizaine de clubs professionnels dans l'attente, avec contrats rédigés, promesses écrites et messages incessants. Sochaux, le Stade rennais, le Racing Club de Lens, l'Association sportive de Monaco, les Blues de Chelsea, en Angleterre, le Real Madrid, grand parmi les grands en Espagne, tous tentent d'attirer l'enfant de Bondy, alors âgé, on le rappelle, de 13 ans.

Au Stade Malherbe de Caen, on croit avoir un coup d'avance, en raison du flair phénoménal de la cellule de recrutement des jeunes, alors dirigée par Laurent Glaize, qui raconte : « C'est notre réseau parisien qui nous appelle, assurant qu'il a vu un phénomène. Techniquement, Kylian savait déjà tout faire. Il avait des dribbles incroyables, et surtout il les faisait en allant vite. Il avait l'intelligence de jeu d'un mec de 15-16 ans. Il était encore petit et fin évidemment, mais le potentiel de développement athlétique était évident. De toute ma carrière, franchement, je n'ai jamais vu un truc pareil. Je récupère les coordonnées du père, Wilfried. Je l'appelle, il se marre : "Ah bon, Caen ?!" Il me prévient que beaucoup de clubs suivent déjà son fils, en France et à l'étranger. Avec son épouse, Fayza, ils voulaient qu'on propose un plan de carrière précis, incluant les futurs contrats pros, le suivi scolaire, etc. (…) Peu à peu, les parents veulent que Kylian signe tout de suite à Caen. Mais les règlements d'alors ne nous autorisent pas à faire signer une licence à un joueur de cet âge habitant à plus de 50 km. On demande une dérogation à la Fédération française. Elle est refusée. Il ne peut pas s'engager chez nous à ce moment-là. En mai 2012, le club descend en L2. Franck Dumas s'en va, le club doit se serrer la ceinture financièrement. Les parents et Kylian rencontrent ensuite Jean-François Fortin, Alain Caveglia et Patrice Garande, qui tiennent un bon discours. Ils lui promettent qu'ils le signent si Caen remonte. Mais le club ne remonte pas.

Financièrement, Caen est limité, et Kylian n'a que 14 ans. » (*Ouest-France*, mars 2017). Le début d'histoire d'amour se termine mal et le directeur sportif de l'époque du club normand s'entend répondre par Wilfried Mbappé : « Tu veux attirer un requin avec une canne à pêche », apprend-on dans un documentaire de la chaîne l'Équipe. À Chelsea, au terme d'un essai de quelques jours, c'est Mme Mbappé, péremptoire, qui lâche aux dirigeants des Blues : « Si vous voulez Kylian, vous devez le prendre maintenant. Parce que sinon, vous devrez revenir l'acheter dans cinq ans pour 50 millions d'euros. »

Celui qui doit « être pris » n'a en réalité qu'un rêve, qu'un espoir, immodeste et fou : le Real Madrid. Mais en dépit d'un stage d'une semaine, au mois de novembre 2012, alors qu'il est âgé de 14 ans, d'une rencontre avec ses deux idoles, Zinédine Zidane et Cristiano Ronaldo, d'un chauffeur à l'aéroport et d'un hôtel 5 étoiles pour l'ensemble de la famille, rien n'y fait, le club merengue devra attendre. « Nous n'avions pas assez de repères là-bas », affirme depuis Wilfried Mbappé, ce que son fils corrobore : « Mes parents souhaitaient vraiment que je débute ma carrière en France et que mon éducation se poursuive ici. »

Ici ? Oui et non. Car c'est sur un Rocher que la famille Mbappé décide de scruter l'avenir. Direction Monaco, donc, Principauté indépendante au club bardé de moyens financiers depuis que Son Altesse Sérénissime le Prince Albert héberge en qualité de président le Russe Dmitri Rybolovlev, 156e fortune mondiale (selon le magazine *Forbes*). Kylian, 14 ans à peine, touche 700 euros mensuels ainsi qu'une prime à la signature estimée à 300 000 euros. Un pari sur l'avenir qui, pourtant, prend du plomb dans l'aile en raison de premiers mois semés d'embûches. En cause, plus ou moins avérée, un ancien joueur du club monégasque, devenu entraîneur du centre de formation. Son nom : Bruno Irles, homme d'un seul club et auréolé de deux titres de champion de France avec le club de la Principauté (1997, 2000), guère impressionné par le potentiel de la pépite. Entre Irles et Mbappé, le courant ne passe pas, doux euphémisme. L'attaquant ne joue jamais, laissé sur le banc de touche en U17 ou envoyé en division d'honneur pour combler les trous. Dans une note, qui ne restera pas longtemps confidentielle, l'entraîneur écrit même : « Beaucoup de difficultés avec l'autorité, les règles, la discipline. Et un gros manque d'humilité. »

Une réunion d'urgence a donc lieu au siège de l'ASM, débouchant sur le transfert de l'entraîneur à… Arles-Avignon, club partenaire. Mbappé, lui, file dans la catégorie du dessus (U19), enquille les buts et provoque par la suite d'autres remous. Car l'entraîneur de l'effectif professionnel, le Portugais Leonardo Jardim, en cette saison 2015-2016 poussive en termes de résultats, ne le calcule pas. Ni à l'entraînement, encore moins aux matches.

En octobre 2015, à six mois de la fin du contrat d'aspirant, un tel mépris fait désordre. Les dirigeants de l'AS Monaco, inquiets de perdre leur pépite, déjà convoitée par le Paris Saint-Germain, passent donc un discret et clair message à Jardim. Qui, comme par enchantement, convoque Mbappé en équipe première deux mois plus tard, le 2 décembre, contre le Stade Malherbe de Caen. Kylian Mbappé n'a alors que 16 ans et 11 mois. Programmée, la machine à succès est lancée. Plus rien ne l'arrêtera. Preuve en est : 60 matches disputés, 27 buts marqués. Une Coupe Gambardella, avec les U19, un titre de champion de France (2016-2017) avec les pros, des sélections en équipe nationale et des buts retentissants sur différents terrains d'Europe : la folie Mbappé gagne l'Hexagone, bouleversé de 7 à 77 ans par l'insolente réussite d'un tel talent.

Le socle familial, une fois encore, y résiste. Sans encombre. Père et mère repoussent les offres de l'agent de joueurs le plus influent au monde, Jorge Mendes (1), et choisissent, plus modestement, de s'entourer d'une avocate, Delphine Verheyden. À l'été 2017, deux cadors du gotha européen tentent de recruter l'attaquant et font monter les enchères : le Paris Saint-Germain, aux moyens illimités depuis la prise de pouvoir des dirigeants qataris, et le Real Madrid. Ancien recruteur au sein du club de la capitale, Luis Ferrer a raconté les coulisses de ce match à deux (site Goal, avril 2021). Extrait : « Notre idée, avec le directeur sportif de l'époque au PSG, Antero Henrique, ce n'était pas d'aligner les millions d'euros, mais plutôt de s'appuyer sur la Coupe du monde 2018 qui arrivait un an après. Ça nous a pris beaucoup de temps, des mois et des mois, car on savait bien entendu que Kylian était la priorité des dirigeants madrilènes. On lui a donc dit : "Reste en France, tu auras une place de titulaire à Paris et tu pourras préparer ce rendez-vous dans les meilleures conditions." De notre point de vue, le Real ne pouvait pas lui donner d'assurance sur le temps de jeu. Nous, nous l'avons fait et il est venu à Paris. Mais que les choses soient claires : on a dû travailler deux fois plus que le Real Madrid. On a fait beaucoup de choses pour lui démontrer que nous le voulions vraiment, qu'il serait important. Même notre entraîneur de l'époque, Unai Emery, a été très fort. Il a donné sa parole à Kylian qu'avec lui, il jouerait. Et il a tenu sa promesse. »

Le 31 août 2017, dans les toutes dernières heures du mercato estival, alors qu'il affronte les Pays-Bas avec l'équipe de France en match éliminatoire de la Coupe du monde, un flash retentissant s'invite sur les téléscripteurs du monde entier : Kylian Mbappé signe au Paris Saint-Germain. En prêt, tout d'abord, pour une saison. Mais avec une option d'achat, de 180 millions d'euros, qui porte quant à elle sur la suite, à savoir un contrat de quatre ans. Après le Brésilien Neymar, arraché au Football Club de Barcelone, Mbappé le Francilien rejoint le club phare de la région. Pour un salaire de plus d'un million d'euros net mensuel et des attentes sans cesse plus grandes.

Un poids pour un joueur de 19 ans, dénué d'expérience. Un frein face au manque de certitudes. Mbappé, lui, n'en a jamais manqué, et c'est presque facilement que le Parc des Princes devient le sien. Treize buts en Ligue 1 pour sa première saison parisienne, quatre en Ligue des champions, un titre national, des buts en Bleu et une Coupe de la Ligue plus tard, l'ascension se poursuit, et sans le moindre arrêt, jusqu'à la Coupe du monde en Russie, théâtre de tous les records. Lors du premier match des Bleus, face à l'Australie, il devient, à 19 ans et 6 mois, le plus jeune joueur de l'histoire de l'équipe de France à disputer un tournoi majeur. Face au Pérou, lors du second rendez-vous des phases de poules, Mbappé devient cette fois le plus jeune buteur de l'histoire de la sélection.

Contre l'Argentine, en quart de finale, où l'une de ses innombrables accélérations est « flashée » à près de 33 kilomètres/heure, il entre définitivement dans la cour des grands avec deux buts inscrits qui le classent, à son âge, derrière le « Roi » Pelé, dont le record datait de… 1958. Face aux Belges, lors d'une éprouvante demi-finale, le phénomène réussit sept dribbles sur quinze, ce qu'aucun footballeur français n'avait réussi à faire depuis l'apparition des statistiques dans le ballon rond, en 1966.

Le sacre suprême intervient le 15 juillet 2018 face à la Croatie en finale de la compétition. Déjà sur le toit du monde, à 19 ans, Mbappé est aussitôt élu meilleur jeune de la compétition par la FIFA, la Fédération internationale de football. Dans toute l'histoire du ballon rond, seuls deux joueurs ont été champions du monde à un âge plus avancé : Pelé, à 17 ans et 8 mois, et un Italien beaucoup moins connu, Giuseppe Bergomi, à 18 ans et 6 mois. Ce même Pelé qui y va de son éloge au travers d'un tweet : « Si Kylian continue d'égaler mes records comme ça, je vais devoir dépoussiérer mes crampons. »

Le Français, en toute humilité, réfutera toute comparaison avec le Roi Pelé, mais devra faire face au quotidien d'une star : adulé par les foules, épié par les paparazzis, courtisé par les sponsors. Plus de deux cents annonceurs le sollicitent ainsi, au lendemain de la Coupe du monde, (presque) tous renvoyés dans leurs dossiers par l'avocate du joueur, Delphine Verheyden. Fidèle à son image, Mbappé l'est également avec ses partenaires historiques (Hublot, Nike, etc.), qui lui offrent même, et c'est à souligner, la possibilité de donner aux plus démunis. Toutes ses primes de champion du monde, soit près de 350 000 euros, sont dès lors reversées à l'association Premier de cordée, créée en 1999 et reconnue d'intérêt général, destinée à introduire la pratique sportive auprès de ceux qui en sont le plus éloignés. Au mois de janvier 2020, Kylian Mbappé officialise cette fois la création de sa propre association, Inspired by KM, afin que 98 jeunes enfants puissent accomplir « leurs rêves ». « Depuis que je suis enfant, j'ai toujours rêvé. Maintenant que je suis à cette place-là, j'ai envie de redonner aux plus jeunes. On n'est pas là pour vendre des rêves mais les accompagner et les aider à les réaliser. On va tout faire pour qu'ils y parviennent. » Au mois de mars de la même année, alors que le Covid-19 gagne le monde, le footballeur fait un don à la Fondation Abbé Pierre, sans que le montant soit dévoilé. C'est d'ailleurs un principe immuable de la nouvelle star du ballon rond made in France : faire ce qu'il veut, quand il veut. Son talent, son travail, sa gloire, son exigence, tout le lui permet.

Saisissant, d'ailleurs, de constater à quel point Mbappé, depuis son éclosion, en 2016, conserve vis-à-vis de lui même et de son entourage des principes similaires. Avec l'exigence en règle tacite. Dans un portrait fouillé du quotidien régional *Le Parisien* au mois de mai 2019, l'un de ses proches déclarait, clairvoyant : « Donnez-lui les clés, il vous emmènera où vous voulez. » Où vous voulez ? Pas encore, du moins pas tout à fait.

Le club de la capitale, en dépit de ses moyens financiers, de Lionel Messi et de ses innombrables stars, ne parvient (toujours) pas à décrocher la Ligue des champions. Pas faute, pour Mbappé, de tout faire y parvenir, avec 122 buts inscrits en championnat et 33 marqués dans la plus belle des compétitions européennes. Même constat avec l'équipe de France, certes championne du monde en 2018, mais éliminée du dernier championnat d'Europe au stade des huitièmes de finale par manque de rigueur face à une formation suisse largement à sa portée. Pas faute, pour Kylian, de ne pas maintenir son propre niveau d'excellence avec 24 buts et 20 passes décisives en 54 sélections.

Des statistiques hors du commun et une réussite foudroyante qui ne surprennent plus grand monde. Comme si, au fond, l'histoire de Kylian Mbappé était écrite. Comme si son talent, l'attention et le soutien des siens l'avaient condamné au succès. Comme si, quoi qu'il advienne, quoi qu'il décide, entre Paris et Madrid, son étoile était destinée à scintiller encore longtemps. Avec Kylian Mbappé, l'exceptionnel est devenu une normalité. Et on se délecte toujours de le coucher sur le papier…

(1) Au mois de novembre 2018, les documents de l'affaire Football Leaks, révélée en France par *Mediapart*, indiquaient clairement que Jorge Mendes, qui n'a jamais été l'agent de Kylian Mbappé, avait touché 9 millions d'euros de commission pour sa participation au transfert.

KARIM BENZEMA, CE N'EST QUE JUSTICE

Il est des disgrâces dont personne ne se remet. Des peines, et autant de jugements, qu'aucun délai ne saurait prescrire. Karim Benzema en est un vibrant exemple, écarté de toute vie en Bleu cinq années durant et sans cesse associé au footeux décérébré obnubilé par l'argent. On ne se défait pas d'une image, on la combat. Surtout lorsqu'elle se mélange à une persistante actualité judiciaire.

Mercredi 24 novembre 2021. Le tribunal correctionnel de Versailles reconnait Karim Benzema coupable du délit de « complicité de tentative de chantage en 2015 sur la personne de Mathieu Valbuena dans le cadre de l'affaire de la sextape ». Un an de prison avec sursis, 75 000 euros d'amende et 80 000 à donner à son ancien coéquipier en équipe de France, en vertu du préjudice moral. Un coup de tonnerre dans l'actualité de l'époque, le tribunal étant allé au-delà des réquisitions du parquet. Une explosion médiatique, une de plus, au sujet d'un joueur pour qui l'anonymat, lui, n'a jamais été requis.

Trop longtemps, en effet, que l'enfant de Bron défraie la chronique, plein cadre face aux projecteurs à Lyon, puis à Madrid, en France et en Espagne. Autre siècle, autre époque, et des standards inhabituels dès la plus tendre enfance avec un apprentissage accéléré au sein d'un club professionnel. Le Sporting Club Bron Terraillon, ce n'est qu'une saison. Inscrit à 8 ans, parti à 9 pour cause de match référence et à buts (2) contre les jeunes pousses de l'Olympique lyonnais. Important, et essentiel d'ailleurs, de s'attarder sur cette unique saison passée au stade Leo-Lagrange, à quelques encablures du domicile de la famille Benzema. Non pas pour Bron, et son quartier difficile du Terraillon, classé en 2012 zone de sécurité prioritaire. Mais bien parce que le destin de Karim

Benzema bascule en cette année 1995. Avant que tout commence. Avant que l'OL ne le remarque. Avant que lui, et lui seul, il est crucial de le souligner, force son destin.

Lorsque Hafid Benzema, père de neuf enfants (cinq filles, quatre garçons), vient l'inscrire au SCBT, son fils, et premier garçon, est refusé. Faute de places et sans aucune alternative. Tahar Ounnas, président du club, confie dans les colonnes du *Progrès* : « Il a fallu que des gens de son entourage passent quelques coups de téléphone pour que ça se débloque. Sinon, il n'aurait jamais été pris et n'aurait jamais rejoint l'OL. Mais la suite de sa carrière, il ne la doit qu'à lui-même. À tout ce temps passé au stade, tous les jours. Il était avec son ballon, tapait contre un mur, contrôlait, tapait. »

La persévérance ancrée en soi, telle une devise. Dont Karim Benzema se nourrit au quotidien, que ce soit dans sa vie ou à l'Olympique lyonnais. Le football moderne, en ce début des années 2000, a changé de dimension, de nature. Les exercices enfantins, le plaisir futile de taper dans un ballon, la joie de retrouver les copains à l'entraînement et en matches, tout ça est à ranger aux oubliettes. Seule la réalité d'adulte est rappelée à chaque instant : réussir, se battre, envoyer ses coéquipiers dans l'ombre et avoir comme unique objectif l'univers professionnel. Benzema, il le sait, n'est ni le plus doué, ni le plus talentueux, mais un taiseux qui bosse dans son coin et n'affole jamais les entraîneurs du centre de formation. Les vedettes de l'époque, les talents suivis et chouchoutés sur qui l'on mise, sont Loïc Rémy, attaquant de pointe, Anthony Mounier, patte gauche en devenir, et le milieu de terrain virevoltant Hatem Ben Arfa. La future star de l'OL, celui dont les supporters ont tous déjà entendu parler, c'est lui. Et pas Benzema. « Hatem Ben Arfa, c'est le joueur le plus talentueux que j'aie jamais vu passer, un extra-terrestre », confirme, péremptoire Armand Garrido, formateur lyonnais (U15, U16, U17) qui a vu, trente années durant, une multitude de jeunes talents éclore au plus haut niveau. « Et pourtant, il y avait dans cette génération exceptionnelle beaucoup d'autres éléments, mais Ben Arfa, lui, faisait des choses incroyables. La formation, avec lui, s'est résumée à essayer de canaliser son jeu et de l'intégrer dans un collectif. Le talent, la nature le lui avait déjà donné. » (*Le Parisien*, janvier 2021).

Contraint, mais pas forcé, Benzema marche à l'ombre et encaisse les propos désobligeants. Rien de méchant, bien entendu, mais de sérieux doutes qui reviennent tel un boomerang lorsqu'on l'imagine futur titulaire à la pointe d'un effectif professionnel. « La première fois qu'il arrive devant moi, à 15 ans, je suis inquiet, poursuit Garrido. On me répète qu'il a du talent, d'accord, mais moi je constate surtout qu'il se procure deux actions en une heure. Il fallait le bouger. On s'est donc mis au travail. Karim a toujours été un bosseur, une fois que la fusée était lancée, on ne pouvait plus l'arrêter. » Le déclic est pourtant loin d'être immédiat. Paul Le Guen, entraîneur de l'équipe première de l'OL de 2002 à 2005, qui avait pour habitude d'aller voir jouer les équipes de jeunes, est davantage convaincu par l'incontournable Ben Arfa. « Hatem, c'était parfois spectaculaire, il pouvait même dominer des séances. Karim, lui, c'était plus dans un cadre collectif. » En équipe de France des moins de 17 ans, comme à Lyon, Benzema est donc l'espoir de second plan, une autre solution, vague pépite (encore) ignorée d'une exceptionnelle génération 1987, sacrée championne d'Europe en 2004. Ben Arfa, Menez et Nasri rayonnent, le si et trop discret Benzema demeure dans son coin. Samir Nasri, ancien milieu de terrain passé par l'équipe de France et les plus grands clubs européens, dira : « Au début, on ne se calculait même pas avec Karim. Mes partenaires de prédilection, c'était Jérémy et Hatem, deux phénomènes. Benzema restait dans son coin, tout tranquille. Il ne parlait pas. »

En 2003, âgé de 16 ans, Benzema signe un premier contrat à l'OL. Celui d'un stagiaire au salaire mensuel de 1 500 euros. Son enfance, la vie rêvée et les plaisirs simples avec ses potes du quartier ont désormais laissé place aux ambitions. Son père, Hafid, l'a bien compris, et s'est impliqué personnellement pour que son fils intègre l'internat du centre de formation et quitte le domicile familial. À force d'opiniâtreté et d'efforts répétés au quotidien, son fils touche le graal le 15 janvier 2005 pour ce qui constitue sa toute première apparition dans le monde professionnel face au Football Club de Metz. À Lyon. Au stade de Gerland, devant sa famille, ses amis, et en remplacement d'une figure de la formation lyonnaise, Sidney Govou. Tout un symbole, qui se concrétise par un contrat professionnel, signé à 17 ans, avec un salaire mensuel cette fois plus conséquent de 15 000 euros. Comme le veut la tradition, chaque arrivée dans le groupe professionnel est l'occasion d'un bizutage, un discours prononcé par la nouvelle tête face à ses coéquipiers au cours d'une mise au vert. Pas une spécialité pour Benzema, on l'imagine, plus doué avec ses pieds qu'avec ses mots, plus fort ballon au pied que micro en main.

Et pourtant. Sûr de lui, convaincu qu'il incarne le présent et l'avenir de son club formateur, Benzema se lâche. En mode frontal. « Il nous a vraiment surpris, se souvient le défenseur Brésilien Caçapa, bardé de titres et d'éloges à Lyon. Car il a tout de même lâché qu'il était là pour prendre la place des attaquants qui écoutaient son discours ! C'était fort. » Sidney Govou renchérit : « Karim a débuté son speech en disant qu'il était content d'être avec nous, formule banale et habituelle. C'est ensuite qu'il a prétendu vouloir prendre notre place. C'était étonnant, mais sincère. Le but de chaque jeune arrivant dans un groupe, c'est bien de prendre la place de l'autre. » (Canal+, juillet 2020)

Karim Benzema n'éprouve aucune difficulté pour y parvenir. Les apparitions au plus haut niveau s'enchaînent, les titularisations et les buts également. Le tout premier avec l'OL est inscrit en Ligue des champions, le 6 décembre 2005. Le second, en championnat cette fois, sur le terrain d'Ajaccio au mois de mars 2006. Plus rien ne l'arrête, aidé qu'il est par les conseils, chaque veille de match à Gerland, de l'icône absolue du club lyonnais : Bernard Lacombe. En 112 matches de Ligue 1, dont 81 titularisations, Benzema marque 55 pions, chiffre auquel il faut rajouter les 26 inscrits dans les autres compétitions. Consacré à Lyon, installé en équipe de France, épié par les plus grands clubs européens,

Benzema, du haut de ses 20 ans, s'émancipe avec un ultime rêve : signer au Real Madrid. Aujourd'hui ou demain, peu importe. Mais lorsqu'il prolonge son contrat avec les Gones, au début de la saison 2007-2008, jusqu'en 2012 et avec un salaire à six chiffres (entre 250 et 300 000 euros par mois), un accord verbal est passé avec son président, Jean-Michel Aulas. Benzema sait ce qu'il veut. Et personne ne le fera dévier de sa route. « J'avais pris un engagement avec Karim, dévoile en effet Jean-Michel Aulas. Si le club de son cœur se manifestait et que les intérêts de l'OL étaient respectés, on le laisserait partir » (documentaire *Le K Benzema*).

Ne manque plus qu'un salutaire coup de pouce, signé Michel Platini, pour que la transaction se fasse. Alors président de l'UEFA, le légendaire numéro 10 des Bleus croise lors d'une réunion le président du Real Madrid, Florentino Pérez. Au détour d'une conversation, Pérez demande à Platini ce qu'il pense de Benzema, et s'entend répondre : « Il va devenir un phénomène. »

Le 1er juillet 2009, le phénomène en question, enfant du Terraillon à qui personne ne prédisait un avenir radieux, signe le contrat d'une vie. Six ans au Real Madrid pour un salaire avoisinant les 7 millions d'euros annuel. Rien de suffisant, vous l'aurez compris, pour que la consécration soit actée et que Benzema se complaise dans un rôle d'attaquant mondialement reconnu.

Car L'Espagne se mue instantanément en pays des galères, le Bernabeu, un théâtre des souffrances. Plus de Ben Arfa, cette fois, mais des stars, des vraies, comme Cristiano Ronaldo et le Brésilien Kaka qui arrivent le même été que lui. Ainsi qu'un attaquant argentin, Gonzalo Higuain, à qui l'entraîneur, Manuel Pellegrini, accorde sa confiance. Benzema ne s'intègre pas, reste dans son coin, communique peu en espagnol, et encore moins en anglais. Les supporters le sifflent, et ne s'offusquent surtout pas de sa place de titulaire sur le banc de touche. Neuf buts en 33 matches la première saison, le bilan est indigne de ses standards et c'est logiquement qu'il manque la Coupe du monde 2010 en Afrique du Sud avec l'équipe de France et le « tragico-sordide » épisode du bus à Knysna. « Pour bien comprendre le personnage Benzema, c'est justement à cette période qu'il faut remonter, explique Zahir Oussadi, rédacteur en chef du magazine *Onze Mondial*, qui a maintes fois interrogé l'avant-centre madrilène pour son magazine. Sa force, c'est son mental, un atout inscrit dans ses gènes, la capacité qu'il a à lutter contre l'adversité et tous ceux qui ne croient pas ou plus en lui. Car pour résister à ce que va vivre Benzema au début de son aventure madrilène, et notamment les humiliations répétées de José Mourinho, il faut être très, très costaud. Il va s'accrocher comme jamais, encaisser sans broncher et finir par s'imposer. Il fera exactement la même chose avec Noël Le Graët et Didier Deschamps, quand le premier aura des mots durs à son encontre et que le second ne le sélectionnera pas chez les Bleus. Ce qui est d'autant plus rare dans le football moderne, c'est que Benzema va toujours privilégier le collectif. Il n'est pas individualiste, il n'a jamais cessé d'œuvrer pour les autres. Voilà aussi pourquoi je considère ce joueur comme l'un des plus grands dans l'histoire du foot, car arriver à marquer autant de buts, et en donner également beaucoup, c'est rare. Qui, dans l'histoire, est parvenu à faire les deux ? On les compte sur les doigts d'une seule main. »

Impensable, au moment de revenir sur la carrière de KB9, de ne pas s'attarder sur le cas José Mourinho, considéré, à tort ou à raison, comme l'un des plus grands techniciens de la planète. Le Portugais, sur le banc de touche du club merengue trois années durant (2010-2013), va entretenir avec le Français une relation malsaine, nourrie de hauts et de très bas, d'espoirs et de déceptions, de bouts de matches et de grandes soirées passées sur le banc de touche. Certes, Benzema répond présent à chaque fois que Mourinho fait appel à ses services – 85 buts toutes compétitions confondues et 58 passes décisives –, mais il sera d'une franchise absolue au moment de clôturer la relation : « Avec Mourinho, on se parlait dans les yeux. Avec certains joueurs, ça ne passait pas, mais moi ça me rendait fou. Derrière, je travaillais à fond. »

Le travail, encore et toujours, synonyme de réussite absolue dans un club considéré comme le plus grand au monde. Qu'ils aient pour noms Carlo Ancelotti, Zinédine Zidane, Rafa Benitez, Julien Lopetegui ou Santiago Solari, qu'ils aient marqué, ou non, leur passage sur le banc de touche de leur empreinte, tous, au contraire de Mourinho, vont s'accorder à maintenir leur confiance envers l'attaquant français. Qui n'aura de cesse, de son côté, de marquer des buts et d'aligner les records. Le joueur français qui a marqué le plus de buts dans l'histoire de notre football ? Karim Benzema, avec 413 réalisations (chiffre arrêté le 15 mars 2022), devant un certain Thierry Henry (411). Qui a récemment pris place sur le podium des plus grands buteurs de l'histoire du Real ? Karim Benzema, avec 311 réalisations, derrière Cristiano Ronaldo (451) et Raul (323), mais devant Alfredo Di Stefano. Qui est le plus grand passeur de l'histoire du club merengue ? Benzema, bien entendu, avec 157 offrandes. Qui a éliminé, à lui seul, le Paris Saint-Germain en 8e de finale de la Ligue des champions en mars 2022 ? Karim Benzema, au prix d'un triplé retentissant lors du match retour.

Autant de satisfécits qui viennent consacrer une carrière de sacrifices, de travail et un mental à toute épreuve. « Oui, le mental fait vraiment partie de mes qualités, admettait-il il y a quelques mois, lors de la remise de son Onze d'or. Je ne lâche jamais rien. Dans le football, on sait tous qu'il y a des hauts et des bas, mais le plus important c'est d'être régulier. Les critiques, les obstacles, ça fait partie du football. C'est comme ça. C'est encore plus joli quand on y arrive. Tous les jours, c'est un nouveau défi pour moi » (*Onze Mondial*, juin 2021). L'éloge de la patience, vertu si rare dans l'univers du ballon rond, qui a poussé Benzema à attendre un hypothétique retour en équipe de France entre décembre 2015 et mai 2021. Revenu de nulle part, du moins en Bleu, fréquemment mis à la une de l'actualité pour ses exploits, le gamin de la banlieue lyonnaise ne parvient pas, et ne parviendra sans doute jamais, à faire l'unanimité. On l'aime ou on le déteste, on ne retient que ses matches ou ses affaires judiciaires. On le tolère ou on l'admire. Mais il n'est, au bout du bout, passé les ressentis et les avis tranchés, qu'une seule certitude : la carrière de Karim Benzema est exemplaire. Au vu de son caractère, et de ses efforts, ce n'est que justice.

ANTOINE GRIEZMANN, L'ASCENSION CONTRARIÉE

À l'époque, son nom est personne. Anonyme parmi les anonymes, justement relégué aux oubliettes face au raté de l'histoire. Flashback : juillet 2010. Quelques jours, tout au plus, après les insultes de Nicolas Anelka, la grève des joueurs à Knysna et la pitoyable Coupe du monde des Bleus en Afrique du Sud.

Remonter le temps n'aurait que peu d'intérêt si l'on ne s'attardait pas sur Antoine Griezmann. Lui qui en a tant manqué, lui qui en a si peu laissé aux retardataires. Tel est, au fond, le paradoxe d'une vie longtemps contrariée et semée d'embûches, mâchées et à peine digérées au cours des différents entretiens. Celui accordé au site internet Foot mercato, en ce mois de juillet 2010, en est d'ailleurs un saisissant exemple. Quelques questions au sélectionné en équipe de France des moins de 19 ans avant qu'il ne (re)crache le morceau et que le regret se répande : « J'ai fait beaucoup d'essais dans des clubs français, mais personne ne me voulait parce que j'avais un petit gabarit. En France, il faut être grand, rapide, costaud. À 13 ans, je suis donc parti faire un essai avec Montpellier au Tournoi de Paris. Mais c'est la Real Sociedad qui m'a repéré. Ils m'ont demandé de faire une semaine d'essai. Je l'ai faite. Ensuite, ils m'ont demandé de faire une deuxième semaine. Au bout de cette deuxième semaine, ils m'ont demandé si je voulais signer avec eux. »

Le mal était donc fait, le loupé entériné. Un loupé made in France s'entend et une fuite en Espagne dès lors programmée. Antoine Griezmann, alors âgé de 14 ans, dont plus de dix ballon au pied, était donc passé au travers des centres de formation de l'Hexagone. De ses innombrables recruteurs et de leurs certitudes. Montpellier, l'AJ Auxerre, le FC Metz, l'AS Saint-Étienne, le FC Sochaux, ce fut non. L'Olympique lyonnais, club formateur réputé dont le jeune Mâconnais était un inconditionnel supporter, toujours non. À croire que… « Je suis toujours gêné quand je lis qu'Antoine Griezmann n'a pas signé à l'OL à cause de son gabarit, précise toutefois Gérard Bonneau, des années de formation à Lyon. Cela n'a rien à voir avec sa taille. Il vivait à 70 kilomètres de Lyon et il y avait une réglementation qui nous empêchait de faire signer un gamin domicilié à plus de 50 kilomètres avant ses 15 ans. C'était donc bien plus compliqué que ce que l'on peut lire sur le sujet. On avait décidé avec Griezmann d'être sur un suivi, mais la Real Sociedad est arrivée très vite. C'est sûr que l'on regrette quand on voit le joueur qu'il est devenu. Mais il y en a eu d'autres que l'on a ratés. C'est difficile de faire un choix sur un joueur de 13 ans » (RMC, août 2018).

L'intéressé, lui, ne conserve pas le même souvenir. Et se fait un plaisir, bien plus tard lorsque les micros de l'équipe de Quotidien se tendent, de revenir sur certains méfaits : « J'ai été rejeté par plusieurs clubs pros en France, on m'a même fait des radios du poignet pour voir quelle taille je ferais adulte. Mais l'événement le plus dur, cela a été avec le FC Metz. J'avais 13 ans. Ils me disent : “O.K., c'est fait, on va voir comment s'organiser pour que tu puisses rentrer de temps en temps sur Mâcon voir tes parents.” Puis, une semaine après, ils ont appelé mon père pour me dire non. »

Voltaire avait vu juste : le malheur des uns fait le bonheur des autres. Ou d'un autre, en l'occurrence : Eric Olhats, Basque de naissance et recruteur de formation. Qui, au mois de mai 2005, pour le compte du club espagnol de la Real Sociedad, se déplace à Saint-Germain-en-Laye afin d'épier quelques talents disséminés lors d'un tournoi de jeunes. Gestes, attitudes, placement, frappes de balle, 90 minutes suffisent à son œil d'expert pour être convaincu. Pas de contrat à signer, du moins pas encore. Mais un intérêt réciproque et la possibilité d'effectuer le grand saut, de Mâcon à Saint-Sébastien. Pour ce faire, et c'est beaucoup moins évident, encore faut-il convaincre la famille, Alain et Isabelle les parents, réputés protecteurs et pour qui le football n'a rien d'une inconnue puisque le grand-père maternel a longtemps affûté ses crampons de joueur professionnel à Paços de Ferreira (Portugal).

Une semaine après le tournoi de Saint-Germain-en-Laye, et quelques palabres, le tour est joué, la décision prise : direction l'Espagne. Mais pas à n'importe quelles conditions : « Antoine devait vivre à l'internat du club, a maintes fois raconté Eric Olhats, mais si je l'y avais laissé, au bout de quinze jours, le petit serait rentré en stop chez lui. J'ai donc dû gérer un gamin loin de ses parents, l'éduquer comme si c'était le mien. Au départ, ç'a été la galère. Il me tardait de retrouver mes habitudes. »

Galère ? Un euphémisme. Du temps long, surtout, car le recruteur de 42 ans, de surcroît célibataire endurci, accueille à son domicile un gamin qu'il connaît depuis seulement quinze jours, dénué du moindre repère dans un pays totalement inconnu. Olhats, sans le savoir, vient d'en prendre pour cinq ans, interprétant du mieux qu'il peut les rôles conjugués de père de substitution et de nounou permanente. Foot, devoirs, nourriture, coups de blues, conseils, rien ne lui est épargné. Pas plus que les innombrables trajets entre Saint-Sébastien et Bayonne, où le prodige tant attendu effectue son apprentissage scolaire.

La méthode, unique en son genre, est à des années-lumière des standards habituels de la formation française. Et pourtant, elle porte ses fruits, seulement quatre ans après. La Real Sociedad valide assez vite le coup de foudre du recruteur et aligne le jeune Français dans son équipe première. En seconde division, au mois de septembre 2009, pour une toute première apparition en Coupe du Roi. Puis en championnat, face à Murcie, dans les jours qui suivent. L'histoire est belle et se conjugue au presque parfait. La Sociedad obtient son billet pour la première division et Antoine Griezmann marque à six reprises. Une constante chez lui, les statistiques officielles du gaucher indiquant huit buts par saison lors des deux exercices suivants et quatre passes décisives dans une Liga relevée et réputée, face aux monstres du football mondial que sont le Real Madrid et le Football Club de Barcelone et à des stars planétaires comme l'Argentin Lionel Messi ou le Portugais Cristiano Ronaldo.

Griezmann, lui, demeure en retrait. À sa juste place, loin, très loin même du ballon rond de haut niveau. Et lorsque la France du foot apprend, enfin, à le connaître, ce n'est vraiment pas pour de bonnes raisons. En cause, une faute personnelle et collective, aussi bête qu'immature, qui, en une seule soirée, brise net le début de l'ascension. Au mois d'octobre 2012, alors que se disputent les matches de barrage qualificatif pour le championnat d'Europe, et que l'équipe de France s'est imposée face à la Norvège au match aller (1-0), Chris Mavinga, Yann M'Vila, M'Baye Niang, Wissam Ben Yedder et Antoine Griezmann ont la bonne idée de quitter le rassemblement des Bleus, au Havre, en pleine nuit. Direction Paris, une discothèque, son dance-floor et ses bouteilles d'alcool. L'aller et retour, en pleine nuit et en taxi privé, aurait pu, aurait dû, rester sans conséquences si le quotidien sportif *L'Équipe* n'avait eu la bonne idée de sortir l'affaire au lendemain-même de l'élimination des Bleus, battus par la Norvège au match retour 5-3. Le président de la Fédération française de football, Noël Le Graët, qu'on a connu plus neutre sur certains dossiers sensibles, parle aussitôt d'une « grave erreur » : « On est toujours en colère quand des jeunes joueurs ne respectent pas des règles qu'ils ont eux-mêmes choisies et approuvées. Il me semble que quand il y a deux matches, et l'avant-veille du départ en Norvège, cela me paraît déplacé de faire le mur, entre guillemets, plutôt que de rester avec les copains à l'hôtel. C'est très difficile à analyser. La cohérence de certains joueurs est vraiment incompatible avec le très haut niveau. » Didier Deschamps, le sélectionneur des Bleus évoque une « totale aberration » et Michel Platini, alors président de l'UEFA, y va de sa sortie médiatique acerbe : « Ces joueurs doivent être punis. » Ce sera le cas. Car depuis l'épisode de Knysna, le foot français se cherche des exemples et baigne dans la démagogie. Une sortie de route, quelle qu'elle soit, mérite l'opprobre et la condamnation. Début novembre, la commission de discipline frappe donc fort, très fort, et suspend les joueurs de toute sélection pendant plus d'un an. Antoine Griezmann, avant même d'avoir posé un seul pied en équipe de France A, en est déjà rejeté…

C'est donc en Espagne, de l'autre côté d'une plus paisible frontière, que Griezmann encaisse le coup. Sans broncher, mais pas sans travailler. Et surtout pas sans marquer. Car l'enfant de Mâcon, montré du doigt, ne fait décidément rien comme les autres, accomplissant une saison hors du commun avec onze réalisations, cinq passes décisives et une place de quatrième en Liga, ce qui permet, par voie de conséquence, à la Real Sociedad de disputer les barrages de la prestigieuse Ligue des champions. Une compétition que le club basque n'a disputé en tout et pour tout qu'à trois petites reprises au cours de son existence.

Clin d'œil, ou revanche de l'histoire, c'est en France et à Lyon, sur la pelouse d'un club qui l'a un temps ignoré, que Griezmann se révèle aux yeux du grand public. Balle au pied, cette fois, et non dans les pages people ou faits divers, lors du barrage aller de la Ligue des champions avec un but venu d'ailleurs, demi-volée acrobatique qui ponctue une qualification aisée pour la plus belle des compétitions.

Nous sommes à l'été 2013, huit ans après le départ en Espagne, et Grizou, comme certains l'appellent déjà, change de statut. En quelques jours, quelques semaines, le Français se mue en nouvelle coqueluche de la Real Sociedad, courtisée par les cadors de la Liga et répondant présent à chaque rendez-vous. Cinquante matches et vingt buts plus tard, c'est le summum : Didier Deschamps oublie « l'aberration », le convoque en équipe de France et lui ouvre grand la porte de la Coupe du monde 2014 au Brésil. L'Atlético de Madrid lui fait également les yeux doux et lui ouvre son vestiaire, jusque-là réservé aux grandes stars du ballon rond. Le transfert est retentissant, du moins financièrement, avec 30 millions d'euros versés par les Colchoneros. Le contrat est d'envergure : plus de 10 millions d'euros annuels pour une durée de six ans. Le sommet est là, sous ses pieds, symbole d'une réussite que Griezmann ne doit qu'à sa persévérance et à ses concessions, sans cesse plus nombreuses.

Effet Olhats, ou pas, valeurs familiales inculquées dès le plus jeune âge, ou pas, le Français ne s'emporte pas. Aucune trace d'ego surdimensionné, ni de comportement de diva. Griezmann sait d'ou il vient, et se contente de jouer sa partition sur le terrain. En coulisses, loin du peuple, des supporters et de leurs attentes, il retrouve son vrai rôle dans la vie quotidienne. Celui d'un homme simple, guère pollué par le fric, et fondamentalement proche des gens, qui l'admirent aussi pour la relation saine et sincère qu'il entretient avec eux sur les réseaux sociaux. Facebook, Twitter, Snapchat ou Instagram, Griezmann s'affiche sans détour et sans signes ostentatoires de réussite. Messages simples, vidéos parfois lunaires, humour, dérision, autant de vertus efficaces qui conduisent même l'international à ne jamais avoir peur du ridicule. De quoi convaincre et même séduire plus de 8 millions d'abonnés sur Twitter, 35 sur Instagram, et pas loin de 9 sur Snapchat.

Des chiffres déments pour une cote de popularité intacte, que rien, depuis, ne remet en cause. Peu importe l'aventure ratée au Football Club de Barcelone, deux saisons durant, aux côtés de Lionel Messi, Luis Suarez et tous les autres. Griezmann est depuis retourné à l'Atlético Madrid, salaire diminué et relation forte à renouer avec les supporters de l'autre club de la capitale espagnole. Ce qui lui a pris trois mois. Peu importe l'échec des Bleus au dernier championnat d'Europe avec des prestations moyennes et une élimination sans gloire face à la Suisse en huitièmes de finale lors de la séance des tirs au but. Griezmann a défendu ses coéquipiers, soutenu Kylian Mbappé, admis son coup de moins bien et publié un message sur son compta Insta, empreint d'une saisissante humilité : « Difficile de passer à autre chose après cette défaite ! Sortir vainqueur de cette compétition était un rêve, un objectif pour nous. Nous allons apprendre de nos erreurs et revenir plus fort. Je tiens à vous remercier... vous, les Français, présents dans les stades, devant vos écrans en famille ou entre ami(e)s. Et un grand merci à tous nos supporters qui portaient fièrement nos couleurs les jours de match. Fier d'être français. » En quelques semaines, là encore, le malaise s'est dissipé. Preuve, rédhibitoire s'il en est, que l'international français rebondit sans cesse. Par tous les temps et dans et dans tous les clubs. Antoine Griezmann, une ascension contrariée pour une réussite totale.

N'GOLO KANTÉ, ÇA N'ARRIVE QU'UNE FOIS

On le suppose volontiers réfractaire à toute belle histoire. À une ascension, sportive ou sociale, susceptible de vous arracher une larme et de vous rappeler à quel point la vie peut être une réussite. Trop d'argent, sans doute, de jalousies, d'agents véreux, d'intérêts malsains, pour que le football moderne soit l'incarnation du bien, du beau, et de ces parcours qui forcent le respect à longueur de lignes. C'est aussi ça, en réalité, l'inouï plaisir de ressasser le parcours de N'Golo Kanté. Démonter les préjugés, mettre en exergue des vertus fondamentales, comprendre ce qui paraît aujourd'hui incompréhensible et associer la ténacité à une conduite de vie. Rien, pourtant, ne laissait croire au destin hors norme de cet enfant issu de l'immigration, né au début des années 1990, dix ans après que ses parents, Maliens d'origine et musulmans pratiquants, débarquent en France pour une vie tout simplement meilleure. Père éboueur, mère femme de ménage, famille de neuf enfants installée dans un immeuble HLM d'un quartier populaire de la banlieue parisienne (Rueil-Malmaison), le conte de fées, vous l'aurez compris, a du plomb dans l'aile dès le préambule. Et peu importe que le prénom N'Golo soit une référence directe à NGolo Diarra, roi du XVIIIe siècle (territoire bambara du Mali) parti de rien et arrivé au sommet.

Dans la famille Kanté, en ce début des années 1990, on est nulle part et on débute avec rien. La discrétion et le mutisme sont érigés en principes, on travaille, et plutôt dur, on la joue discret, taciturne, taiseux, et on profite, parfois, de plaisirs simples comme regarder un match de foot en famille ou aller taper le cuir sur le terrain municipal le plus proche. Ce qui tombe bien au regard de l'époque et de l'équipe de France, black-blanc-beur, qui monte sur le toit du monde et de l'Europe en 1998 et en 2000. Raison suffisante pour que N'Golo, et l'un de ses frères, s'inscrivent au club le plus proche de leur quartier des Géraniums, à la Jeunesse sportive de Suresnes. Fugace instant de bonheur avant la toute première blessure, toujours pas cicatrisée, provoquée par la brutale disparition du père. Le choc d'une vie, à vivre et subir en tant qu'enfant, aîné de quatre frères et autant de sœurs, à qui il faut continuer de rappeler les nécessités du quotidien. N'Golo Kanté n'a que 12 ans, pas plus, et il passe une partie de son temps libre à collecter les déchets dans les rues afin de gagner un peu d'argent en les déposant à une usine de recyclage. Après cette activité rétribuée essentielle à la survie de la famille, il est permis de taper dans un ballon.

Direction, donc, le stade Maurice-Hubert de Suresnes, sa piste d'athlétisme, son terrain synthétique et ses équipes de jeunes. Pour une première licence dans un club où pas grande monde ne fait attention à lui, si ce n'est l'un de ses éducateurs. « Le premier souvenir que je garde de lui, c'était lors de son premier entraînement, se souvient Piotr Wojtyna, éducateur de la Jeunesse sportive de Suresnes, et toujours au club, dans les colonnes de *So Foot.* Il y avait des groupes de niveau car on pouvait avoir jusqu'à cent gamins. Parmi toute cette masse, ce qui sautait aux yeux avec N'Golo, c'est qu'il ne s'arrêtait jamais de courir. Ca m'avait suffi pour repérer ses qualités. C'est un gamin qui se battait déjà naturellement sur le terrain. Et quand on lui disait de faire quelque chose sur le terrain, il le faisait et appliquait. Il était très réceptif, il avait une faculté d'apprentissage remarquable. » À tel point que le handicap de sa petite taille, qui le range très loin des standards, ne l'empêche pas d'être surclassé et d'évoluer avec des jeunes beaucoup plus âgés que lui. N'Golo par-ci, Kanté par là, l'histoire à la JSS dure une bonne dizaine d'années. Avec bonheur, toujours autant de discrétion, et nécessairement sans éclats puisque aucun centre de formation, en France, ne s'arrête sur son mètre 68, ou son talent. Les essais ne manquent pas, les efforts non plus, mais au Football Club de Lorient, au Football Club de Sochaux, au Stade rennais, à l'En Avant Guingamp et à l'Institut national du football de Clairefontaine, pas un seul formateur ne détecte quoi que ce soit. Ce sera donc la banlieue parisienne, jusqu'en 2010, avec l'équipe sénior de Suresnes qui évolue en Promotion d'honneur, l'équivalent de la neuvième division française. Jusqu'au premier coup de pouce et ce destin qui daigne enfin lui sourire par la grâce d'un ancien athlète de haut niveau, père de l'un de ses coéquipiers.

Son nom ? Jean-Pierre Perrinelle, deux fois champion de France du 400 mètres haies et autant de participations aux Jeux Olympiques (Munich en 1972 et Montréal en 1976), qui à force de s'installer dans les tribunes du stade Maurice-Hubert sympathise avec les dirigeants et leur donne parfois des conseils. Convaincu, pour sa part, des qualités exceptionnelles du milieu de terrain, Perrinelle évoque le cas Kanté avec son fils, Damien, qui, après Suresnes, est parti tenter sa chance dans le club de Boulogne-sur-Mer. Ce dernier relaie le tuyau, parle d'un combattant hors-pair sur le terrain et finit par convaincre un dirigeant de Boulogne-sur-Mer, dont le club de football accède à la Ligue 1 lors de la saison 2009-2010.

N'Golo Kanté ne discute pas. Quelques mois auparavant, il a encore fait face au refus, voire au mépris, d'un grand club professionnel français, l'Olympique de Marseille, comme le dévoile, des années plus tard et dans les colonnes de l'hebdomadaire *France Football*, Karim El-Moudkhil, éducateur à Rueil-Malmaison : « À l'époque, on jouait souvent au foot, avec de très bons joueurs. Mais quand N'Golo est arrivé, on a aussitôt monté une équipe. Un phénomène ! En club, il venait de passer des U17 à l'équipe première de Suresnes, qui n'a pas perdu un match de la saison et a accédé à la Division d'honneur. Un jour, je suis allé parler à Redouane Asloum, qui a reçu N'Golo dans un vestiaire de la salle de boxe et lui a dit qu'il allait parler de lui à Louis Acariès [alors conseiller du propriétaire du club marseillais, Robert Louis-Dreyfus]. Je n'ai jamais eu le moindre retour. »

Kanté fait donc ses valises et file dans le Nord, enfin reconnu. Problème, le premier coup d'accélérateur connaît un sérieux coup de frein, brutal et inattendu. Car non seulement Kanté n'évolue pas en équipe première, mais en réserve, et son quotidien vire de surcroît au cauchemar. Christophe Raymond, son entraîneur de l'époque : « C'était compliqué pour lui. Tous les jours, il ne mangeait pas à sa faim. Il était logé dans une auberge de jeunesse, il ne gagnait pas beaucoup d'argent, les magasins étaient fermés après les l'entraînement, donc il fallait se débrouiller, mais, encore une fois, il ne s'est jamais plaint et n'a jamais rien demandé à personne. »

Il faut deux ans, deux de plus, pour que Kanté soit enfin l'objet d'une attention. Celle de son nouvel entraîneur à Boulogne, Georges Tournay, ancien du Racing Club de Lens qui a vu des dizaines de grands noms éclore au cours de sa riche carrière. Le club nordiste retombé en National, plusieurs joueurs manquent à l'appel en début de saison. Idéal pour lancer ce footballeur aussi petit que discret dont personne n'a jamais entendu parler. « On a pas eu d'autres choix que de tester plein de joueurs du centre de formation. Et N'golo nous a tout de suite explosé aux yeux. Sa technique au mouvement, sa simplicité, son volume de jeu. Je me suis dit : "Qu'est-ce qu'il fait là ce gosse ?" J'ai tout de suite dit au président Wattez de lui faire signer un contrat professionnel. » Ce ne sera pas le cas. En fin de saison 2012-2013, élu meilleur joueur du National à 22 ans, sorti de nulle part et sous contrat amateur, N'Golo Kanté reçoit pour la première fois de sa vie une proposition ferme et écrite d'un club plus huppé. À la manœuvre, toujours, Jean-François Perrinelle, qui ne lâche rien et demeure convaincu que son coup de cœur mérite beaucoup mieux que la troisième division française.

Il passe donc d'innombrables coups de téléphone et parvient alors à convaincre Alain Caveglia, ancien footballeur devenu directeur sportif au Stade Malherbe de Caen. Ce dernier, qui l'admettra plus tard, reçoit des dizaines de coups de téléphone par mois lui assurant qu'un phénomène est à portée de main. Caveglia est d'ailleurs tellement convaincu qu'il envoie à sa place deux superviseurs pour voir ce que Kanté a dans le ventre. « Il avait été moyen mais j'avais tout de suite vu qu'il y avait quelque chose. C'était trop évident pour que d'autres ne s'en rendent pas compte. Les clubs du nord de la France, mais pas seulement, sont entrés dans la danse. À la fin, on était en concurrence avec Lens. Ça commençait à être un peu chaud, il fallait à tout prix qu'on le fasse signer avant le mois de janvier. Il marche beaucoup à l'affect, donc j'ai insisté sur ce point. Je lui ai dit qu'il allait arriver dans un club familial où il aurait plus de chances de jouer qu'ailleurs. Et puis j'avais un appui important avec M. Perrinelle. Le volet financier ? Je ne vais pas dire que le contrat était ras les pâquerettes, mais il avait un contrat tout à fait normal d'un joueur qui sort d'un contrat amateur. Nos arguments n'étaient vraiment pas financiers » (actu.fr, août 2021).

Fidèle à son image, N'Golo Kanté arrive en Normandie sur la pointe des pieds. Inutile, d'ailleurs, de chercher une quelconque brève sur le site internet du club normand au sujet de sa venue, il n'y en a pas. Ce qui n'empêche en rien son mètre 68 de crever l'écran presque chaque week-end, des pelouses abîmées de la Ligue 2 aux sunlights de la Ligue 1, le SM Caen retrouvant l'élite après une année au purgatoire. Kanté, bien entendu, n'y est surtout pas étranger et c'est d'ailleurs là qu'il va filer. Le 4 août 2015, âgé de 24 ans, il a cette fois droit aux honneurs du site internet avec photo et article à l'appui, annonçant son départ de l'autre côté de la Manche, dans le club de Leicester. « Après deux saisons riches en émotions sous le maillot bleu et rouge marquées par une accession en Ligue 1 et un maintien au sein de cette même première division, N'Golo Kanté s'est engagé pour quatre ans avec le club anglais de Leicester, 14ᵉ de Premier League en 2014-2015. N'Golo a été un joueur extraordinaire avec nous. Ce transfert constitue une récompense pour lui, pour le club ainsi que pour Alain Caveglia qui est allé le chercher à Boulogne », témoigne Patrice Garande, le coach du SMC, à l'issue de la victoire de son équipe face à Avranches, à l'occasion du dernier match de préparation estivale.

Contrat de quatre ans en poche, salaire hebdomadaire de 50 000 livres, N'Golo poursuit son ascension. Et ne met, cette fois, qu'une seule saison pour faire l'unanimité. Didier Deschamps, qui a trop d'expérience à ce poste de milieu de terrain, le convoque pour la toute première fois avec les Bleus le 17 mars 2016 à l'occasion de deux matches amicaux face à la Russie et aux Pays-Bas. C'est face aux Bataves qu'il rentre en jeu, le 25 mars, pour une victoire sur le score de 3-2. Une première cape qui récompense le parcours de Kanté avec Leicester, formation alors dirigée par l'entraîneur italien Claudio Ranieri. Les Foxes constituent l'anomalie européenne de cette saison 2015-2016, équipe au palmarès insignifiant et venue de nulle part que personne, et surtout pas en Angleterre, n'avait imaginé en haut du classement. Tellement attendue, d'ailleurs, que les bookmakers anglais l'avaient cotée à 5 000 contre un pour remporter la Premier League. L'invraisemblable se réalise pourtant à la fin du mois d'avril 2016, avec un titre de champion d'Angleterre pour Ryad Marhez, N'Golo Kanté ou encore Jamie Vardy. Ranieri, encore sous le choc, rend un hommage appuyé à son milieu de terrain au cours d'une tribune publiée sur le site internet du club anglais. « Ce Kanté, il courait tellement quand je l'ai découvert que j'ai pensé qu'il avait un sac rempli de batteries caché dans son short. Il n'arrêtait pas lors des entraînements. Je lui ai dit : "Hey N'Golo, doucement, doucement. Ne cours pas après la balle à chaque fois, d'accord ?" Il a répondu : "Okay boss, okay." Et dix secondes plus tard, il courait à nouveau partout. Je lui ai alors dit : "Un jour, je vais te voir centrer le ballon et être à la réception de ton propre centre pour mettre ta tête." »

Courtisé comme jamais, Kanté fait encore et toujours du Kanté. Loin des micros et à l'abri des caméras, il se donne le temps de la réflexion, laisse passer l'Euro 2016 qu'il dispute avec l'équipe de France pour une défaite en finale face au Portugal et analyse, ensuite, chaque proposition des différents clubs. Celle de Chelsea, en raison de l'entraîneur qui y officie (Antonio Conte) retient son attention. Il s'y engage officiellement le 16 juillet 2016 pour un contrat de cinq ans et un transfert de 36 millions d'euros. Ni son salaire, plus de 100 000 livres par semaine, ni son palmarès naissant (Coupe du monde 2018, Ligue Europa 2019, Ligue des champions 2021, Champion d'Angleterre, Coupe d'Angleterre) ni son statut de footballeur adulé ne modifient le caractère du bonhomme.

Sur le terrain, il impose sans cesse le respect. L'ancien buteur invétéré du foot anglais, Gary Lineker, consultant respecté, le compare à un « pickpocket » : « Il possède une incroyable lecture du jeu, il intercepte des ballons impossibles. Il court partout, il ratisse, c'est un vrai pickpocket. La manière dont il chipe le ballon dans les pieds des joueurs adverses, sans que ceux-ci s'en aperçoivent, est incroyable. Dans sa position, il est le meilleur joueur que j'aie jamais vu. » Son entraîneur à Chelsea, Thomas Tuchel, l'associe à un cadeau venu du ciel : « Avec lui, vous jouez toujours avec au moins un demi-homme de plus, c'est unique. C'est un plaisir d'être son entraîneur, c'est un grand cadeau pour moi, un gars si humble, et qui est d'une si grande aide sur le terrain. Mais ne sous-estimez pas sa qualité de passes, de dribbles et sa faculté d'échapper à la pression. »

Car c'est aussi ça N'Golo Kanté, un footballeur unique et un homme dépourvu de signes extérieurs de richesse, roulant depuis des années avec une Mini Austin d'entrée de gamme quand tous ses partenaires se déplacent dans des bolides rutilants. Son ancien coéquipier à Chelsea, le gardien Marcin Bulka dévoile cette anecdote qui résume tout : « On le voyait utiliser un vieux téléphone portable avec un écran tout cassé. Dans le vestiaire, on a été nombreux à lui demander pourquoi il ne s'en achetait pas un neuf. Il nous a répondu que ça ne servait à rien puisque celui-ci continuait de marcher. » Impensable de ne pas glisser celle-ci, qui remonte au mois de septembre 2018, lorsque après une victoire contre Cardiff sur le score de 4-1 à Stamford Bridge, le milieu de terrain loupe son train en direction de Paris. Il décide alors de se rendre dans une mosquée londonienne et, au terme de sa prière, croise la route d'un supporter d'Arsenal qui lui propose de venir dîner chez lui. Kanté accepte, regarde la télévision avec les amis de son nouvel ami et pose pour plusieurs photos aussitôt publiées sur les réseaux sociaux. La simplicité faite homme. Et le bonheur non feint de le relater.

DESCHAMPS, LA BESOGNE EN HÉRITAGE

Le rendez-vous remonte à plus de huit ans. Déjà. Au siège de la Fédération française de football, et au sein même, privilège rare, du bureau de Didier Deschamps. Le ticket d'entrée avait été délivré au simple nom du média venu l'interroger, *Management*, dont le patron des Bleus se disait lecteur occasionnel. L'équipe de France, le retournement de situation face à l'Ukraine quelques semaines plus tôt, la future Coupe du monde au Brésil, tous les sujets foot avaient volontairement été occultés, pour ne s'intéresser qu'au manager Deschamps. À sa méthode, à sa personnalité. Aux mots et aux attitudes choisies depuis sa prise de fonctions, le 9 juillet 2012. Et à cette question, que l'on ne soupçonnait pas malencontreuse, et qui l'a pourtant fait sortir de ses gonds après une trentaine de minutes d'échanges : « Pour qu'une équipe réussisse, faut-il privilégier les talents au détriment du collectif ? » Réponse cash, regard courroucé : « Mais c'est quoi le talent ? C'est un mot que je ne supporte pas. Un gamin de 12-13 ans a du talent ? Ça veut dire quoi ? Arrêtez avec ça. Il a des qualités, du potentiel, mais rien de plus. Moi, j'en ai vu des phénomènes, à 15 ans, qui deux ans plus tard disparaissaient. Alors, votre talent… » Ce propos ne mériterait aucune attention s'il ne trahissait pas la réelle personnalité du sélectionneur des Bleus, laquelle s'est forgée, depuis toujours, dans une opposition frontale au strass et aux paillettes du football moderne, ainsi qu'au foutu talent de joueurs naturellement doués.

Didier Deschamps a toujours bossé, cravaché plus que les autres. A toujours dû prouver, aux siens et aux supporters, pour pouvoir exister sur un rectangle vert. Le jugement, on vous rassure, n'est en rien péremptoire, et il n'y a même, à son sujet, aucun délit de sale gueule. Juste, et c'est déjà beaucoup, un constat, ancien et évident, qui indique que l'ancien joueur a longtemps été rangé dans l'ombre. « La première fois que j'ai vu Didier sur un terrain, lâchait pour *Management* Robert Budzynski [trente années passées au Football Club de Nantes en qualité de directeur sportif], il faut bien avouer qu'il ne m'avait pas fait une impression extraordinaire. En revanche, ce qui frappait, c'était son autorité naturelle sur ses partenaires. Il aboyait tout le temps, rameutait, rassemblait. »

Aboyer, sans doute. Rassembler, cela se limitait uniquement à certains de ses partenaires. Car Deschamps footballeur, c'est celui d'un autre temps, d'un autre siècle. Qui, et on n'aura de cesse de le souligner, ne doit sa réussite qu'à sa phénoménale persévérance, balle au pied, et à sa ténacité, face à deux grandes gueules du football français. Deux exemples et autant de truculents épisodes, pas nécessairement connus, qui illustrent le caractère bien trempé de ce Basque, né au mois d'octobre 1968 à Bayonne.

Le premier remonte à l'année 1980 lorsque le jeune Didier, 12 ans et milieu de terrain de l'Aviron bayonnais, suscite quelques convoitises. Claude Bez, alors président du club phare du football français, les Girondins de Bordeaux, se déplace en personne au domaine familial, à Bayonne, contrat en main et assurance non feinte de le faire signer. Physique imposant, voiture de luxe... méthodes qui ne passent pas. Bez la forte gueule n'obtiendra jamais la signature du jeune garçon. Qui dira non et filera au centre de formation du club honni de tous les Bordelais, le FC Nantes. « Bordeaux, c'était un club de stars, nous avoue ce jour-là Deschamps. J'aurais pu y aller, oui, mais j'étais bien dans ma famille. Claude Bez, croyez-moi, était convaincu que j'allais signer. Il était même venu avec une Cadillac plus longue que notre maison. Il a ensuite eu une discussion avec mes parents car il ne comprenait vraiment pas que je puisse refuser sa proposition. De mémoire, il avait même remontré le contrat à mes parents en leur disant : “Mettez le montant que vous voulez.” Mon grand-père l'avait traité de maquignon et moi, j'ai vite préféré aller à Nantes. Car dans ce club, je savais que j'allais apprendre. »

Autre bras de fer, qui démontre le caractère bien trempé du bonhomme, celui engagé avec Bernard Tapie, président de l'Olympique de Marseille, au tout début des années 1990. Pas encore le « Nanard sévèrement burné » des Guignols de l'info sur Canal+, ni celui des mandats politiques, de l'adoubement par François Mitterrand, mais un Tapie déjà au faîte de sa renommée. Monsieur « réussite sportive » qui s'adjuge deux Tours de France avec son équipe cycliste, la Vie Claire, redonne des couleurs au vieillissant Bernard Hinault et offre une seconde jeunesse au club de foot marseillais, englué en seconde division quelques années plus tôt, et proche du dépôt de bilan avant que le maire de Marseille, Gaston Deferre, et sa femme, Edmonde Charles-Roux, aillent chercher l'homme d'affaires.

Didier Deschamps, après 123 matches disputés pour les Canaris (et 4 buts...), signe donc dans la cité phocéenne en novembre 1989. En qualité de joker, et pour un échec inattendu, qui se solde même par un prêt, la saison suivante, aux... Girondins de Bordeaux ! Ni Tapie, président autoritaire, ni les supporters marseillais, qui assistent à des victoires presque chaque week-end et à l'émergence d'un solide palmarès, n'imaginent alors le retour du décevant milieu de terrain. Pire, Tapie fait du Tapie et prend les devants dès la reprise de l'entraînement, en tout début de saison suivante, lors d'un échange on ne peut plus clair : « Chez moi, Didier, tu ne réussiras pas. Il vaut donc mieux que tu partes. » Deschamps est même informé de l'attente du boss : l'envoyer au Paris Saint-Germain, comme monnaie d'échange, afin de récupérer un joueur de la capitale. Loin d'être accablé par un manque aussi criant de considération, il patiente quelques jours, décroche son téléphone, obtient un rendez-vous en tête à tête avec Tapie et lui explique très calmement qu'il ne quittera jamais Marseille. En dépit de ses efforts, de ses arguments, et même de tout ce qu'il veut. À l'OM, et Deschamps est catégorique, il finira par s'imposer. Deschamps : « Je n'oublierai jamais que Tapie a marqué ma trajectoire en venant me chercher à Nantes. À travers l'exigence qui était la sienne, il a certainement renforcé mon esprit de compétiteur. Bernard Tapie était un homme passionné et passionnant quand il parlait de management, un battant qui détestait être battu et dont le mental d'acier déteignait sur ses joueurs. »

Résultat ? Deschamps reste. Devient par la suite le capitaine de l'équipe première et le taulier du club de 1989 à 1994. Il y dispute la bagatelle de 158 matches (avec 9 buts au compteur), soulève la Ligue des champions en 1993 après une victoire face aux Italiens du Milan AC et décroche deux titres de champion de France (1990 et 1992).

Palmarès en poche, et reconnaissance internationale acquise, Deschamps la forte tête a permis d'effacer le Deschamps pieds carrés ou encore le Deschamps porteur d'eau, considérations peu reluisantes que lui rappelaient sans cesse Michel Platini, lorsque ce dernier entraînait l'équipe de France. « Il me répétait tout le temps : “Heureusement que tu joues en équipe de France maintenant parce qu'à mon époque, tu n'aurais jamais eu ta place.” » Celle de DD est partout. Où il veut. Clin d'œil de l'histoire, il quitte le sud de la France, secoué comme tant d'autres par les affres de l'affaire VA-OM, pour rejoindre la Juventus Turin, ancien club de Platini, pour une kyrielle de titres avec trois championnats d'Italie, une nouvelle Ligue des champions, une Coupe intercontinentale et une Supercoupe d'Europe. En équipe de France – là où il n'aurait jamais eu sa place à une certaine époque… –, il s'adjuge le brassard de capitaine, s'installe en relais privilégié du sélectionneur, Aimé Jacquet, et décroche le titre suprême avec la Coupe du monde 1998 dans une France en liesse. La fin de carrière peut dès lors se passer dans un relatif anonymat (Chelsea, Valence et un titre de champion d'Europe deux ans après la Coupe du monde), demeure néanmoins un palmarès à rallonge et une voie toute tracée : le banc de touche.

L'histoire, qui est un éternel recommencement, offre là encore des débuts galères, des doutes et beaucoup d'inquiétudes. Car dans le calme feutré de l'Association sportive de Monaco, un endroit rêvé pour répéter ses gammes et éviter la pression populaire, ça se passe mal. Très mal, même. Trois défaites et deux matches nuls lors des cinq premières rencontres du club champion de France en titre. Le reste de la saison vire même au cauchemar (14e, classement final), avec un vestiaire qui se nourrit de clans, un attaquant italien, Marco Simone, ingérable, et un président, Jean-Louis Campora, qui s'immisce dans la vie du groupe. « Ç'a été une année calvaire, témoigne avec du recul Jean Petit, [adjoint de Deschamps sur le Rocher et figure historique du club]. Didier a presque eu à faire à un complot contre lui. Il y avait eu le recrutement de Campora en début de saison et Didier a voulu faire le sien. On s'est retrouvé avec un embouteillage monstre de joueurs, dont de grosses personnalités. Les résultats ont été mauvais car on était trop nombreux. Ç'aurait pu bousiller sa carrière d'entraîneur de débuter comme ça. Didier aurait vraiment pu se décourager. Mais c'est un battant. Et surtout, il voulait réussir » (Eurosport, novembre 2018). Ce que l'intéressé confirmera, une fois parti sous d'autres cieux, rancune en tête : « Ma première saison à Monaco a en effet été horrible. Je n'étais pas spécialement préparé, j'avais quitté la Ligue 1 depuis sept ans. Ç'a failli s'arrêter là. Parce que ça ne marchait pas, et certains joueurs ont mis du leur aussi, notamment un qui est Italien, qui s'appelle Marco. Il ne se rappelle peut-être pas, mais moi, je me rappelle. Qu'il fasse attention à ce qu'il dit. »

Que ce soit sur le terrain, ou enfoncé sur son banc, Deschamps exècre la défaite et cherche, telle une obsession, à éliminer les ingrédients d'une mauvaise recette. Ceux-ci sont vite identifiés et sont priés, Marco Simone en tête, d'aller voir ailleurs. Le prince Rainier, à qui rien n'échappe et surtout pas les affaires internes du club de football, accorde à Deschamps un sursis, salutaire, dont le Basque va tirer profit. Doucement, mais sûrement, la méthode se met en place, car le plus grand talent de Deschamps, c'est d'en donner aux autres. « Je ne vais pas apprendre à un de mes joueurs à tirer ou à centrer. Mais je peux le mettre en confiance, le soutenir, l'encourager. Un type peut être très fort, s'il n'est pas bien dans sa tête, il est mort » (*Management*, juin 2014). Robert Budzynski, pas vraiment ébloui par les qualités du joueur, comme il nous l'a raconté, abonde : « Je l'entends encore dire à ses camarades au centre de formation : "Si tu veux un jour devenir professionnel, tu dois te comporter ainsi et faire ceci." On a bien compris qu'il serait le chef d'une génération. » Deschamps joueur avait longtemps répété ses gammes pour parvenir au succès. Deschamps entraîneur va aller beaucoup plus vite, rôdé par l'expérience, habité par sa méthode. Sa seconde saison sur le banc de touche de Monaco est synonyme de succès, avec une Coupe de la Ligue remportée et une seconde place en Ligue 1, derrière l'Olympique lyonnais. Puis une finale (perdue) de Ligue des champions, après avoir éliminé le Real Madrid de Zidane, et une nouvelle place sur le podium du championnat de France (3e).

Peu importent, dès lors, les aléas d'une carrière et les choix qui en découlent. Deschamps a suffisamment conscience de ses qualités, de son travail, de son obstination, pour ne pas s'accommoder de quelconques obstacles. À la Juventus Turin, revenu sur le banc de touche d'une « Vieille Dame » malade et encore traumatisée par une relégation en Série B pour cause de matches truqués, il claque la porte après une année d'exercice et une remontée à l'étage supérieur. La raison ? Des tensions avec le directeur sportif, Alessio Secco, et des divergences récurrentes sur d'éventuels transferts de joueurs. Même effet, mêmes conséquences, à l'Olympique de Marseille, à qui il rend sa fierté, dix-sept ans après le sacre européen, en signant un doublé championnat de France-Coupe de la Ligue en 2009-2010. Une Coupe de la Ligue que DD va remporter trois fois consécutivement avant de tirer sa révérence et, là encore, de ne pas supporter que l'encombrant directeur sportif de l'OM, José Anigo, empiète sur ses prérogatives. Le départ est brutal, certes, mais à l'image du bonhomme, entier, sincère et suffisamment courtisé, en France comme en Europe, pour ne plus côtoyer de gens qui ne partagent pas son point de vue.

En 2012, au sortir de l'OM, il accepte la succession d'un autre champion du monde 1998, Laurent Blanc, à la tête de l'équipe de France. Et si sa prise de pouvoir était attendue, il demeure instructif de relire les propos de Deschamps, tenus lors de sa toute première conférence de presse, au sortir d'un Euro 2012 sans gloire, marqué par d'innombrables embrouilles entre Laurent Blanc et certains de ses joueurs. « J'ose espérer que tout le monde ira dans le sens du collectif, de l'esprit de groupe, de la mentalité. Si j'estime qu'un joueur peut mettre en péril ces valeurs, ma fonction sera de trancher. Les joueurs n'ont plus le droit à l'erreur. »

C'est cette fois le propos qui est brutal, à l'image du bonhomme. Qui, dix ans après, tient encore et toujours les rênes de l'équipe de France, avec, dans sa besace, une Coupe du monde, une de plus, remportée en Russie en 2018. Et qui, dix ans après, et comme le souligne si justement le défenseur Raphaël Varane, n'a pas changé sa façon de manager : « C'est lui qui insuffle une dynamique de groupe et instaure les règles. On a une idée commune, mais c'est lui qui la définit. On étudie l'adversaire, on parle de comment on doit aborder ce match. Ensuite on parle entre nous, on essaye d'être coordonnés. Le coach donne l'idée et nous on la fait vivre. » Mathieu Valbuena, ancien milieu de terrain, entre autres, de l'OM, de l'Olympique lyonnais et aujourd'hui à L'Olympiakos Le Pirée, en Grèce, a également eu le temps d'assimiler la méthode Deschamps. Retenant en premier lieu un principe : la gagne. « Après la catastrophe de 2010 avec l'épisode de Knysna, il y a eu à son arrivée pas mal de choses à revoir au niveau des comportements. Didier a voulu tout de suite mettre beaucoup de rigueur, avec des règles strictes. Ç'a marché parce qu'ensuite, il y a eu moins de problèmes. On avait aussitôt senti son désir d'inculquer sa culture de la gagne. Cette obsession, il ne s'en est jamais caché. Il nous disait : "Ce qu'on retient, c'est la victoire." Il abordait la tactique, mais à l'image du joueur qu'il était, il insistait sur l'intensité, l'état d'esprit » (*L'Équipe,* novembre 2018).

Deschamps aura été le premier à soulever une Ligue des champions remportée par un club français. Le premier joueur de l'équipe de France à soulever la Coupe du monde en 1998. Le seul et l'unique à avoir fait le doublé, joueur-entraîneur, dans la compétition la plus relevée au monde. Satisfaisant pour un homme qui ne supporte pas le talent…

POGBA,
LE PAUL D'ATTRACTION

En matière de football, on pense souvent avoir tout vu, tout lu, tout entendu. Comme si les aléas d'un sport, devenu encombrant, ne pouvaient raisonnablement plus nous surprendre. Puis, il y a Paul Pogba, milieu de terrain français hors norme et de talent, à qui la vie a réservé trop de surprises pour que l'on s'en accommode. Plus qu'un joueur, une attitude ou un nom, un destin exceptionnel, et une histoire singulière, qui berce et alimente l'actualité du ballon rond depuis plus de treize ans.

Paul Pogba, bien avant d'être là ou on ne l'attend pas, c'est une enfance à part, en banlieue parisienne, dans les clubs de Roissy-en-Brie (six saisons) et de Torcy (une seule) où son talent et son influence naturelle sur ses partenaires éveillent les premiers soupçons. Trop grand, trop rapide, trop fort, Paul Pogba. L'enfant n'a pas l'âge indiqué, forcément, ses éducateurs mentent. « Les doutes à son sujet ont débuté alors qu'il était dans la catégorie poussins, se souvient Sambou Tati, l'un de ses tout premiers entraîneurs à Roissy-en-Brie. Lors d'un tournoi que nous disputions à Saint-Raphaël, Paul avait pris le ballon et marqué un but sans l'aide de quiconque. Dans les tribunes, j'entendais les commentaires des gens qui assuraient qu'on avait menti sur son âge. Tout ça était faux, bien entendu. Il nous suffisait simplement de le motiver car Paul détestait perdre. Parfois, on lui balançait des petites piques pour qu'il donne le meilleur de lui-même » (beIN Sports, octobre 2016). Vite repéré par les clubs alentour, dans cette Île-de-France qui regorge de talents, Pogba prend par la suite une licence au club de l'Union sportive Torcy. Pour le président, Pascal Antonetti, le constat similaire : « Il a laissé le souvenir d'un jeune très, très précoce. Humainement, et balle au pied, il était au-dessus du lot et, croyez-moi, ça se voyait très rapidement. »

Paul Pogba, c'est une adolescence contraire à tous les principes. Non pas avec ce départ, à l'âge de 14 ans, au centre de formation du Havre Athletic Club, club doyen du football français, mais avec ce qui suit deux ans plus tard, en 2009. Journaux, radios, télévisions, sujet d'ouverture du 20 heures de France 2... Pogba n'a que 16 ans lorsqu'il crée la sensation et provoque une vive polémique. Objet du litige ? Avoir quitté la France, et ses règlements pointilleux, en direction de Manchester United. Cause du litige ? Un accord de non-sollicitation signé par le joueur, en personne, qui stipule, noir sur blanc, qu'un joueur de son âge ne peut signer son premier contrat professionnel que dans son club formateur, et non chez les Red Devils, alors dirigés de main de maître par une véritable légende du football anglais, Alex Ferguson.

Les responsables du football français, eux, et le président du club du Havre en tête, hurlent au scandale. Des formateurs de divers horizons, et de différents clubs, déplorent de tels agissements. Quant à l'opinion publique, pas vraiment disposée à cautionner les règles sans foi ni loi du foot-business, elle juge sans vraiment savoir. La Ligue de football professionnel (LFP) et la Fédération internationale de football (FIFA) s'emparent du dossier, avant que le transfert soit finalement validé, six mois plus tard, au terme d'un accord, paraît-il signé à l'amiable entre les deux clubs. « Après discussions, Le Havre Athletic Club et Manchester United FC sont satisfaits d'avoir trouvé un accord concernant l'intégration de Paul Pogba aux effectifs de Manchester United FC. Paul est un joueur talentueux, le club de Manchester United espère qu'il sera un grand artisan des succès à Old Traffford. Le Havre souhaite au joueur une excellente carrière. » Demeure pourtant, alors que personne ne sait de quoi est footballistiquement capable Paul Pogba, pas encore 17 ans, une sulfureuse histoire de gros sous. La presse, et pas uniquement à scandale, se délecte notamment des 100 000 euros offerts par Manchester à chacun des parents Pogba, de la maison achetée pour sa mère et des 20 000 euros par mois que touche l'adolescent de l'autre côté de la Manche alors qu'il n'en gagnait que 700 au Havre. De telles sommes facilitent des envies d'ailleurs, certes, et peu importe que les chiffres n'aient jamais été vérifiés depuis…

Paul Pogba, c'est enfin un caractère venu d'ailleurs et un destin hors norme avec cette décision radicale, prise avant même l'âge adulte. En effet, le milieu de terrain français n'attend pas vingt ans, mais dix-neuf, pour claquer la porte de Manchester United. Raison invoquée ? Son faible temps de jeu et sept apparitions, seulement, au sein de l'effectif professionnel de Manchester United, en trois ans. L'histoire, forcément, n'est pas aussi simple et les raisons du divorce se situent loin du terrain. Le légendaire manager, Alex Ferguson, en a dit (beaucoup) plus sur la raison du divorce, des années plus tard, dans son autobiographie. « Je me suis méfié de lui dès l'instant où je l'ai rencontré. Nous avons eu Paul avec un contrat de trois ans et il y avait une option de renouvellement que nous étions impatients de signer. Mais son agent, Mino Raiola, est soudain apparu sur scène et notre première rencontre a été un fiasco. » Un autre son de cloche, bien différent, viendra dédouaner le sulfureux agent de joueurs Mino Raiola, réputé pour son savoir-faire et son arrogance. Point de vue donné par Pascal Olmeta, l'ancien gardien de but du Matra-Racing, de l'Olympique de Marseille et de l'Olympique lyonnais, sur les ondes de RMC : « J'avais été invité à un entraînement de Manchester United par Sir Alex Ferguson. J'avais déjeuné avec lui et il m'avait parlé de Paul Pogba, qui n'avait alors que 17 ans. Ferguson m'avait dit : “Tu vois ce joueur, il sera extraordinaire, bourré de talent. Il sera au top. Mais c'est un rêveur et si personne n'est là pour lui tracer sa voie, il n'y arrivera jamais.” »

Être un grand nom n'empêche pas de proférer de grosses bêtises. Car Pogba va au contraire « y arriver ». Très vite. Et mettre tout le monde d'accord. Son contrat avec les Red Devils non prolongé, direction Turin donc, avec le maillot de la Juventus sur les épaules et sous les ordres de l'entraîneur Antonio Conte. Un stratège italien du banc de touche qui va accorder à Pogba une confiance absolue et lui donner les moyens de ses folles ambitions. Le technicien a trop d'expérience pour ne pas comprendre que le Français mérite une totale liberté au milieu de terrain. Résultat ? Trente-neuf matches disputés dès la première saison, cinq buts inscrits et, surtout, un premier titre de champion d'Italie pour ses débuts. Tardive consécration pour celui qui avait explosé si jeune, mais à laquelle il va très vite s'habituer. Le talent pur est désormais poli, reconnu. Vainqueur du Calcio quatre années de suite avec une Vielle Dame resplendissante et même finaliste de la Ligue des champions en 2015, perdue face au Football Club de Barcelone de Lionel Messi et consorts.

Pogba par-ci, Pogba par-là, l'ascension ne se limite pas à son club et débouche, presque logiquement, sur une convocation en équipe de France. La toute première date du mois de mars 2013, face à la Géorgie, avant que sa facilité technique et son aptitude à diriger fassent la différence. Les distinctions s'enchaînent, bien avant la Coupe du monde 2018, remportée en Russie. Quatre ans plus tôt, au Brésil, Pogba est ainsi élu meilleur jeune joueur de la compétition. Deux ans plus tard, en France, lors d'un Championnat d'Europe 2016 perdu en finale face au Portugal, il contraint son sélectionneur, Didier Deschamps, à dire tout haut ce que beaucoup pensent tout bas : « Même quand Paul n'est pas là, vous parlez de lui ! »

Juste, tant l'enfant de la banlieue s'est mué en objet publicitaire incontournable, figure de proue des marques Adidas, Pepsi ou encore Wish. Tant le joueur de l'équipe de France, à défaut d'en être le capitaine, parvient à capter l'attention de ses partenaires. Lors de la dernière Coupe du monde, en Russie, ses discours dans le vestiaire ont indéniablement marqué les esprits. Pogba ne porte pas de brassard, mais parle au nom de tous et jouit d'une évidente écoute. Un meneur d'hommes au discours sans fioriture. Avant l'Argentine en huitième de finale, face à celui qui est considéré comme le meilleur joueur du monde, Lionel Messi : « On ne rentre pas chez nous, on fait la fête ce soir. On continue de manger des pâtes. Messi ou pas Messi, on s'en bat les c*** ! » Avant l'Uruguay en quart de finale, comme le montreront les caméras de TF1 : « Il n'y a plus de marche arrière les gars. C'est mort. On va continuer, on va aller jusqu'au bout. On se donne rendez-vous le 15 juillet. Tous ensemble. Tous ensemble. Aujourd'hui, Blaise (Matuidi) est sur le banc, il est dégoûté, il a envie de jouer plus que tout le monde. C'est pour des mecs comme ça qu'on va se battre aujourd'hui. On va se battre pour son partenaire. Comme on l'a fait face à l'Argentine, toujours plus. On va battre les meilleurs pour être les meilleurs. » Avant la Croatie, en finale, le 15 juillet 2018 : « On sait tous où on est, ce qu'on veut. Les gars, on est peut-être à 90 minutes d'écrire l'histoire. 90 minutes. On en a fait je sais pas combien des matches dans notre carrière. Là c'est un match, et ça change toute l'histoire. Il y a deux équipes, il y a une coupe (…) Aujourd'hui, on ne va pas laisser une autre équipe prendre ce qui est à nous. Je veux que ce soir, on soit dans la mémoire de tous les Français qui nous regardent. Leurs enfants, leurs petits-enfants et leurs petits-enfants encore. Il y a 90 minutes pour rentrer dans l'histoire à vie. »

Paul Pogba, et c'est une évidence, a indéniablement intégré celle du football. Du football moderne s'entend. Avec ses vedettes, ses codes, ses publicités, ses salaires mirobolants et cette propension à transformer de simples joueurs de ballon rond en stars planétaires. Le propos n'est en rien une critique, bien au contraire, tant le Mancunien parvient, saison après saison, match après match, à répondre présent.

Trop de pépites supposées ont disparu du jeu, été oubliées des supporters et des médias en raison de mauvais choix, pour que, justement, nous ne passions pas sous silence la carrière de Paul Pogba. Lui qui a fait face à la médiatisation dès l'âge de 16 ans. Lui qui a fait face au rejet d'un club iconique pour sa première expérience dans le monde professionnel. Lui qui a surpris la planète foot en explosant dans le Calcio, l'un des championnats les plus exigeants au monde. Lui qui a supporté les sarcasmes du monde entier au mois d'août 2016, alors qu'il retournait à Manchester United et devenait le transfert le plus onéreux de l'histoire du football (110 millions d'euros dépensés par les dirigeants anglais). Lui qui, aujourd'hui encore, est la cible principale de critiques violentes lorsque sa formation de United ne met plus un pied devant l'autre et déçoit ses plus fidèles supporters. « Paul a besoin d'être constamment surveillé par quelqu'un. C'est un joueur très expérimenté, il est l'un de ceux qui arriveront à 35 ans et seront toujours les mêmes, a récemment souligné Paul Scholes, figure du club. Il fait toujours ces choses stupides à conserver le ballon et retenir les gens pour montrer à quel point il est fort et technique. Le plus grand problème avec lui, c'est sa concentration. Parfois, il est dans la lune. » Un ancien joueur de Liverpool, Jamie Carragher, est même allé encore plus loin dans le reproche : « Je serai à la place des dirigeants de United, je chercherais à récupérer de l'argent sur Pogba. Est-ce que je le mettrais dans l'équipe ? Non. Il est un grand nom, il est venu avec une grosse indemnité de transfert, mais je ne pense pas que ce soit un grand joueur. Il semble qu'il n'ait jamais réussi à être bon dans toutes les positions et toutes les tactiques mises en place par les différents entraîneurs qu'il a eus. »

La Pioche, son surnom, ne pioche pas. Il tient bon. Avoue ses faiblesses, parfois, comme ce fut le cas, récemment, dans un entretien accordé au *Figaro* au sujet de la pression, permanente, exercée sur les footballeurs de haut niveau. « Je l'ai connue, la dépression, mais on n'en parle pas. Des fois, tu ne sais pas que tu es en dépression, tu veux juste t'isoler, être tout seul, ce sont des signes qui ne trompent pas. À titre personnel, cela a commencé quand j'étais avec José Mourinho à Manchester (...) Parler, être écouté, ressortir toute cette rage et cette dépression qui te ronge, c'est obligatoire pour moi. Dans le football, on n'est pas des super-héros, mais seulement des êtres humains. Mais il ne faut pas le dire. En tout cas publiquement. Tout est dans la tête, le mental contrôle tout et tous les sportifs de haut niveau passent par ces moments-là, mais peu en parlent. » Il sait qu'il va une nouvelle fois, et dans les prochaines semaines, être au cœur de l'actualité avec un nouveau transfert qui pointe à l'horizon. « Je dois continuer à gagner, à progresser, et rattraper ces années où je n'ai pas pu gagner de trophées. Il faut être honnête, cela ne me satisfait pas, sur les cinq dernières saisons, mais vraiment pas du tout. Cette année, c'est mort, on ne gagnera rien encore. Que ce soit avec Manchester ou dans un autre club, je veux remporter des trophées. »

Jouer, et si possible plutôt bien, en laissant parler les uns, en crispant parfois les autres et en forçant le respect du plus grand nombre avec des trophées, tel est, au fond, l'incomparable coup de maître de Paul Pogba depuis son avènement : maintenir l'excellence ou, du moins, tenter de le faire. Par tous les temps, tous les vents. Respect.

DÉCROCHER UNE ÉTOILE

À l'énoncé de leurs noms, ou à la lecture de leurs abondants palmarès, titres et honneurs, on se surprend à penser que la vie est parfois injuste. Sans le trophée de la Coupe du monde, aucun n'a touché le Graal. Un manque pour nous, un éternel regret pour eux. Cette sensation de ne pas avoir atteint le sommet. Le Français Stéphane Guivarch, l'Espagnol Carlos Machena ou l'Italien Vincenzo Iaquinta, qui, c'est dit sans méchanceté gratuite, ont déjà disparu depuis bien longtemps des radars, l'ont quant à eux remporté, soulevé, admiré.

Eux ne l'ont même pas effleuré. Eux, peut-être l'aurez-vous compris, ce sont, entre autres, Lionel Messi, Cristiano Ronaldo, Neymar, Marco Verratti ou encore Zlatan Ibrahimović, stars parmi les stars, grands parmi les grands, à qui la vie a largement souri sans leur avoir toutefois délivré le sacre ultime d'une carrière professionnelle.

Être un roi parmi les siens est une chose, se poser sur le toit du monde en est une autre. Et c'est aussi pour ça que la prochaine édition du Mondial au Qatar revêt une importance particulière. Car, qu'ont encore à espérer, ballon au pied, l'Argentin Lionel Messi ou le Portugais Cristiano Ronaldo ? Rien, si ce n'est de conquérir le trophée Jules-Rimet. Qu'ont encore à prouver Zlatan, Robert Lewandowski, Erling Haaland, Romelu Lukaku et consorts, si ce n'est de devenir, trois semaines durant, l'élément déterminant d'une sélection en mal de titre suprême ? Pour les plus jeunes, en guise de piqûre de rappel, Pelé le fut, en 1958 et 1970, illuminant le Brésil de deux étoiles supplémentaires. L'Argentin Diego Armando Maradona le fut davantage, en 1986, au Mexique, avec sa main de Dieu, ses pieds d'or et son éblouissant talent, et plus près de nous, dans le temps et dans les cœurs, Zinédine Zidane, en 1998 avec l'équipe de France, grâce à ses deux retentissants coups de boule face au Brésil.

À chaque édition de la Coupe du monde, son héros, son joueur d'exception, susceptible de transformer une épreuve unique en consécration d'envergure. Tel est le défi aujourd'hui proposé à certaines stars attendues de la Coupe du monde 2022. Le défi est ultime pour les uns, au regard de leur âge. Le défi est essentiel, déjà, pour les autres, conscients que les opportunités sont rares. Un rendez-vous avec l'histoire est programmé et aucun d'entre eux ne souhaite le manquer. Le compte à rebours est lancé et c'est passionnant.

LIONEL MESSI, UNE PUCE SUR LE TOIT DU MONDE

Le dithyrambe est tel qu'on ne sait par où, ni par quoi débuter. Tout a été dit, redit, et bien entendu traduit en plusieurs langues. Vu, revu et analysé au cours d'une carrière, non terminée, mais déjà considérée comme la plus marquante de l'histoire. Jamais aucun footballeur n'a suscité autant de commentaires, dans des dizaines d'ouvrages et des milliers d'articles de presse à travers le monde, que ce bonhomme, au parcours pour le moins singulier. Pelé, Zico, Franz Beckenbauer, Michel Platini, et à un degré moindre Diego Maradona, tous avaient échappé à la surexposition médiatique. Pas lui. Un joueur de ballon davantage recherché sur Google que la COVID-19 lorsqu'il quitte le Football Club de Barcelone en pleine pandémie mondiale. Plus épié que les plus grandes stars hollywoodiennes ou les pseudo-vedettes de la téléréalité. C'est dire...

Lionel Messi, tout ce que vous avez toujours voulu savoir sur lui sans jamais oser le demander, c'est donc complexe, voire intenable. Argentine, Espagne, France, Rosario, Barcelone, et enfin Paris, le voyage d'une vie a été effectué à maintes reprises, allers et retours compris, sans qu'aucun guide, touristique ou footballistique, nous révèle quoi que ce soit d'inédit. Il reste à lui attribuer un qualificatif. Et c'est peut-être celui choisi par le journaliste Alexandre Juillard, « insubmersible », dans un ouvrage de 2017 aux éditions Solar, qui définit le mieux l'illustre Argentin. Cinq ans après, bien conscient d'avoir travaillé sur un être à part, le journaliste persiste et signe : « Oui, je garderai ce même titre aujourd'hui car je trouve qu'il correspond bien à Lionel Messi. Tout au long de sa carrière, et même dans sa vie de tous les jours, hors des terrains, il a vécu des expériences négatives qui ont glissé sur lui sans jamais l'atteindre. Rien n'a jamais remis en cause son irrésistible parcours. Enfant, il ne grandit pas et doit être soigné avec des hormones de croissance.

Adolescent, il quitte son pays, ce qui n'est jamais simple pour personne, fait face au déracinement et débarque en Europe afin de tenter un pari, le FC Barcelone, qui paraît perdu d'avance pour d'innombrables personnes. Au Barça, il vit au quotidien des luttes fratricides dans le vestiaire et découvre des guerres politiques récurrentes pour obtenir le pouvoir. Messi, en compagnie de son père, va également faire face à la justice et à l'administration fiscale espagnole sans que, jamais, ça ne se répercute sur ses performances sportives. C'est aussi ça sa force : dès qu'il a un ballon au pied, dès qu'il est sur le rectangle vert, tout disparaît. Plus rien n'a de prise, si ce n'est un talent fou qu'il nous expose presque à chaque match. Et ça fait tout de même des années que ça dure, avec un niveau de jeu ahurissant. »

Pas de parti pris, mais un point de vue qui a le mérite de revenir, presque dans le détail, sur le cheminement tortueux d'un jeune Argentin devenu légende. Parti de pas grand-chose, et d'une enfance banale à Rosario, troisième ville du pays située au nord-est. Où comme tant d'autres, religion du ballon oblige, il passe une bonne partie de son temps à taper dans le cuir. La famille Messi est modeste, mère femme de ménage, père ouvrier métallurgiste, quatre enfants, dont Lionel, introverti et assez peu intéressé par l'école, qui, avec l'un de ses grands-frères, Rodrigo, tente de s'inscrire au club local de Grandoli. Tente seulement ; la légende débute à cet instant, en 1991, car Celia Messi ne veut absolument pas entendre parler d'un club pour son fils. « Il est trop petit », lâche-t-elle à de nombreuses reprises, avant que sa propre mère finisse par la convaincre du contraire. Leo Messi a alors 5 ans et son tout premier entraîneur, Salvador Aparicio, est sous le choc : « Il donnait déjà l'impression d'avoir toujours joué au football. » Place, ensuite, aux Newell's Old Boys, l'une des deux institutions phares de la ville, où, après 234 buts recensés en 176 matches, il écope d'un premier surnom, « la Pulga », la puce, en raison d'une (petite) taille qui va forger sa légende.

Car si son talent se développe, Messi, lui, ne grandit pas. Ou plus. À tel point qu'un endocrinologue réputé de Rosario, et grand supporter des Newell's Old Boys, Diego Schwarzstein, accepte de l'ausculter et détecte un déficit d'hormones de croissance. Avant de prédire aux parents Messi une nouvelle à vous faire regretter le temps qui passe : sans injections, leur enfant ne dépassera pas 1,50 m à l'âge adulte. « Il est venu me voir avec sa mère. C'était un garçon timide, mais il me parlait déjà de son rêve d'être footballeur professionnel, s'est souvenu Schwarzstein. Quand j'ai entendu son âge, j'ai tout de suite réalisé que nous avions un déficit en hormone de croissance. Il a dû subir une série de tests jusqu'à ce qu'on découvre que la cause de la déficience hormonale était un défaut rare. Il était impossible de fournir un diagnostic approfondi du jour au lendemain, nous suivions donc Lionel Messi avec des tests médicaux chaque mois et sur la base des résultats, nous faisions d'autres tests. Habituellement, je m'attends à ce qu'un enfant de son âge grandisse d'au moins quatre centimètres chaque année, mais Messi a grandi beaucoup moins que ça. On devait être efficace, mais pas trop agressif vis-à-vis des organes de son corps. J'ai décidé des injections appropriées. Messi en avait besoin d'une tous les jours. Au début, c'est sa mère qui les lui faisait, mais après un certain temps, il a commencé à le faire lui-même. Il s'y est habitué et c'est devenu sa routine quotidienne » (*Israël News*, juin 2018).

Âgé de 10 ans, Leo encaisse sans broncher, et même sans trop comprendre, les 1 000 euros mensuels destinés au traitement étant bien entendu à la charge de ses parents. Jorge Messi, le père, accrédite depuis la thèse de la famille démunie et du départ à Barcelone pour que le club catalan, contrairement aux Newell's Old Boys, puisse payer les frais médicaux. En partie faux, car une bonne partie des soins est alors remboursée par la sécurité sociale ainsi que par la mutuelle familiale. En partie vrai, car le chef de famille, face à cette contrainte médicale, se doit de trouver au plus vite une solution au vu de la crise économique qui secoue l'Argentine. « C'était un vrai problème, poursuit Schwarzstein, car il était impossible d'arrêter le traitement. Les injections étaient importantes pour Lionel, et si Newell voulait vraiment aider, le club n'avait pas véritablement les moyens. C'est donc en raison du traitement, et de ce qu'il fallait payer, que la famille Messi a aussi dû se résoudre au grand voyage. »

Pendant que la Puce se pique lui-même dans la jambe, presque chaque soir, son père, lui, démarche différents agents de joueurs pour qu'ils trouvent un club sportivement crédible et financièrement costaud. Compliqué depuis Rosario, et sans carnet d'adresses digne de ce nom, mais possible grâce à l'appui d'un homme, Josep Maria Minguella, agent influent en Catalogne qui a déjà géré les transferts d'innombrables joueurs dont celui, vingt ans plus tôt, d'un certain Diego Armando Maradona.

À l'été 2000, alors que Messi Junior n'a que 13 ans, des échanges débutent entre le FC Barcelone et Messi Senior. Une vidéo du joueur, avec des bouts de matches et des buts en cascade, a même été envoyée aux responsables de la direction du club catalan, qui, vous vous en doutez, en reçoivent des dizaines chaque mois. « Sur cette partie de l'histoire, beaucoup de contre-vérités ont été dites et écrites, intervient Juillard. On peut donner tous les noms que l'on veut et insister sur le rôle de tel ou tel, mais celui à qui l'on doit vraiment la signature de Leo au Barça, c'est Juan Lacueva, directeur de ce que l'on appelle alors le football de base. Lacueva, plus que quiconque, va insister lors d'innombrables réunions sur la nécessité de prendre un risque en payant les frais médicaux d'un gamin qu'il considère comme un futur crack. Au Barça, il n'y a alors pas d'engouement, bien au contraire. Certains prient Lacueva d'attendre, d'autres lui disent clairement non. Mais avec Carles Rexach, secrétaire technique du Barça, Lacueva résiste. Il finit par imposer son point de vue et demande dans le même temps aux Messi de faire le voyage jusqu'à Barcelone pour un essai. Mais attention, ça va prendre ensuite des mois pour que tout le monde parvienne à se mettre d'accord… »

Des mois, oui, et autant de coups de gueules entrés dans la postérité. Notamment un, rattaché, tenez-vous bien, à un bout de serviette de table d'un bar de Barcelone ! La scène se déroule dans club de tennis, et sont présents, ce jour-là, deux membres du clan Messi, le père et un agent, Horacio Gaggioli, ainsi que Carles

Rexach, pour le Barça, et Josep Maria Minguella. Les palabres une fois terminées, tous décident d'attester de la signature du jeune Messi sur un bout de serviette ! Il y est écrit, en substance : « Ce 14 décembre 2000 à Barcelone, le Football Club de Barcelone s'engage sous sa responsabilité et malgré certaines opinions divergentes à recruter le joueur Lionel Messi si tant est qu'un accord financier soit trouvé. » Signé par les quatre protagonistes, le document, qui ne ressemble à rien, est confisqué par Horacio Gaggioli, qui le dépose dans un coffre-fort de son bureau. Jorge Messi, lui, fou furieux, prend aussitôt la direction du bureau de Juan Lacueva pour s'indigner d'un tel procédé. Énième coup de pression qui finit par porter ses fruits au mois de mars 2001, lorsque Lionel Messi deviendra enfin, et officiellement, un joueur du club catalan. Laps de temps qui contraindra Lacueva à payer de sa poche le traitement médical de l'Argentin, par ailleurs reclus dans un appartement de Barcelone en raison… d'une interdiction de jouer ! Car l'histoire Messi, bien avant qu'elle ne s'écrive avec un grand H, s'étale et se décortique devant les tribunaux. Le club de Newell's a en effet décidé de porter plainte devant la FIFA, la Fédération internationale, pour dénoncer la transaction et les agissements du Barça. C'est seulement le 17 février 2022, presque un an plus tard, et sans que la Pulga ait encore disputé un seul match officiel avec le club catalan, que le transfert est finalement entériné.

Place, dès lors, à la phénoménale ascension, à l'irrationnel, aux jugements dithyrambiques. Aux dates et aux chiffres qui, eux, ont l'avantage de se passer de commentaires et de mettre tout le monde d'accord. La toute première apparition de Lionel Messi dans l'équipe du Barça remonte au mois de novembre 2003, au cours d'un match amical organisé lors de l'inauguration du stade de Porto, le Dragao. La Pulga n'a que 16 ans et dispute les vingt dernières minutes de la rencontre. Moins de temps de jeu, un an plus tard, pour ce qui est considéré comme LE véritable début du Messi. Nous sommes le 16 octobre 2004 lors du derby catalan sur le terrain de l'Espanyol Barcelone. L'entraîneur néerlandais, Frank Rijkaard, qui suit Messi depuis des mois et assiste à certains de ses entraînements, sait ce qu'il peut apporter, taclant au passage les journalistes venus lui demander le pourquoi de son apparition. « Il est entré parce qu'il est très doué. Sinon, je convoquerais mes amis. » Numéro 30 sur le dos, en raison de l'addition du 20 et du 10 appartenant au Portugais Deco et au Brésilien Ronaldinho, qui l'accompagnent chaque matin en voiture à l'entraînement, Messi entre ce jour-là dans l'histoire du football espagnol. Et donnera aussitôt raison à son entraîneur batave, qui, comme tant d'autres, s'émerveillera au fil des années d'un tel talent. De cette vision du jeu hors norme, d'un coup de rein unique et d'une régularité à toute épreuve.

Lionel Messi va disputer avec le FC Barcelone 778 matches, toutes compétitions confondues. Inscrivant, et les chiffres sont cette fois avérés, 672 buts pour 266 passes décisives. Lionel Messi et le Barça, ce sont vingt-et-un ans d'histoire fusionnelle, dont seize avec l'équipe première pour un palmarès presque aussi long que la ligne médiane d'un terrain de foot : quatre Ligue des champions, trois Supercoupes d'Europe, trois Coupes du monde des clubs, dix championnats d'Espagne, sept Coupes du Roi et 8 Supercoupes d'Espagne. Sans oublier les distinctions personnelles avec six Ballons d'or (le septième lui sera décerné en tant que joueur du Paris Saint-Germain), six Souliers d'or, deux titres de joueur UEFA de l'année et un de joueur FIFA de l'année. Et sans oublier, non plus, ses statistiques avec l'équipe nationale d'Argentine : 80 buts inscrits en 158 sélections.

On pourrait continuer ainsi et remettre au goût du jour diverses statistiques exceptionnelles sur les terrains de Liga. Elles sont nombreuses, gravées dans le marbre, et si l'on devait n'en retenir qu'une, on soulignerait que Messi est le seul et unique joueur du championnat espagnol à avoir inscrit 30 buts, ou plus, lors de sept saisons différentes. Énorme. Demeure, et c'est également ça qui intrigue, l'image d'un footballeur bien sous tous rapports, star planétaire dénuée d'excès, gendre idéal encensé par le monde entier et par les siens, loin de toutes polémiques.

Certaines l'ont toutefois réduit à une triste réalité, celle de ses démêlés avec la justice espagnole, et des centaines de milliers d'euros payés au fisc en raison de fraudes répétées sur le droit à l'image. Mais jamais de clashs retentissants avec des coéquipiers, de sortie médiatique musclée d'un joueur une fois le club catalan quitté. Seules des rumeurs, non corroborées par les victimes, ont laissé penser que l'Argentin avait le sang chaud et des propos acerbes. Le Brésilien Cristian Tello se serait ainsi entendu dire : « Tu n'es personne, tu n'as rien prouvé. Passe-moi le ballon, tu es ici pour jouer pour moi. » L'attaquant Alexis Sanchez, qui n'est pas le premier venu dans le monde du ballon rond, aurait quant à lui eu droit à : « Vu le déchet dans ton jeu, je ne comprends même pas que tu aies pu coûter aussi cher au club. »

Alors, sympa ou pas sympa Messi ? Vraie légende et faux gentil ? Certains se sont positionnés et ont partagé leur point de vue. Le Français Ludovic Giuly, ancien partenaire au FC Barcelone : « Dire qu'il est discret est une évidence. Mais Messi n'a jamais été triste ou transparent, c'est juste qu'il n'aime pas trop parler. » L'Argentin Javier Saviola, qui a connu la Pulga à ses débuts : « On croyait tous qu'il était muet. C'est grâce à la Playstation qu'on a découvert qu'il pouvait parler. » Et Alexandre Juillard, qui a tant enquêté sur le phénomène, s'amuse de la question, qu'on lui pose, dit-il, très souvent : « On n'a pas vraiment l'impression de bien le connaître tant il parle peu. En réalité, Messi se moque d'apparaître à la une des magazines ou d'aller sur les plateaux télé. Il choisit même ses journalistes pour accorder de temps à autre un entretien, ou alors son père s'en charge. C'est d'ailleurs le cas depuis qu'il est arrivé au Paris Saint-Germain. On ne l'entend que très rarement et ses rares confidences ont été données à des médias espagnols, à l'exception de ce qu'il a été contraint de faire pour *France Football* et l'obtention de son Ballon d'or. Franchement, et pour répondre à cette question, Messi n'est pas un mauvais bougre, même s'il a bien conscience de son statut et qu'au cours du passé, il se servait en effet de certains partenaires pour faire passer des messages. Il y avait notamment le gardien remplaçant au Barça, Pinto, ou un autre Argentin, Javier Mascherano, proches de lui, qui allaient voir certains joueurs quand Messi trouvait que ça n'allait pas. Il y aussi cette anecdote du SMS envoyé à son entraîneur de l'époque, Pep Guardiola, car Messi trouvait que l'attaquant suédois Zlatan Ibrahimović prenait trop de place dans le vestiaire. Ça, oui, c'est vrai. Mais franchement, que voulez-vous dire ou pouvez-vous dire, plutôt, quand vous avez, chaque jour de la semaine, un type aussi brillant que lui sur le terrain ? Ballon au pied, Messi met tout le monde d'accord. Il est tellement impressionnant. Mais le reste du temps, et j'insiste, il reste un homme timide, simple, pas loin d'être transparent, qui pourrait être Monsieur tout le monde s'il n'avait pas été footballeur professionnel. »

Le débat, aujourd'hui comme demain, consiste et consistera à savoir si Lionel Messi est le plus grand joueur de l'histoire. Le fait de décrocher le titre mondial, son premier, l'hiver prochain au Qatar, ne mettra pas fin à la discussion, générationelle et conflictuelle. Un brin de causette dérisoire lorsqu'on se souvient d'un enfant longtemps contraint de se piquer pour gagner quelques centimètres. La Puce est devenue grande. Et elle vous salue bien.

CRISTIANO RONALDO, 37 ANS DE PERFECTION

Faute de preuves, on continuera d'y croire. À se convaincre qu'une star planétaire n'attend pas la consécration pour dévoiler son caractère et afficher ses certitudes. Voilà ce qu'il ressort d'une vidéo, qui sidère, et de propos pour le moins bluffants, enregistrés vingt-cinq ans après les faits par celui qui a découvert le joueur de football Cristiano Ronaldo.

L'interviewé en question a pour nom Leonel Pontes, ancien responsable du recrutement des jeunes au Sporting Lisbonne, club phare du championnat portugais. À plus de 900 kilomètres de la capitale, sur l'île de Madère, Pontes effectue un déplacement professionnel en 1997, sur les conseils d'un ami. Le reste, c'est lui qui le raconte et n'oubliez surtout pas que Cristiano Ronaldo, à cette époque, n'a pas encore 10 ans. « Des amis qui habitaient sur cette île m'assuraient qu'il y avait un très jeune garçon pétri de talent et largement au-dessus des autres. Je savais également, par les renseignements qui m'avaient été fournis, qu'il était individualiste, irrévérencieux, doté d'un très fort caractère et qu'il se plaignait assez souvent de ne pas avoir le ballon. On nous avait enfin prévenus que si l'on venait voir un match, il était capable de se mettre dans tous ses états car il détestait perdre. Enfin, et ça je l'ai découvert par moi-même, le très jeune Cristiano Ronaldo avait déjà conscience, à son âge, de ce qu'il faisait avec son corps. Comment il pouvait améliorer certains de ses gestes, ce qu'il devait peaufiner. C'était ahurissant de voir tout ça alors qu'il n'avait même pas 10 ans. » N'en jetez plus, tout est dit, tout est là. Le talent, le caractère, l'importance du corps, rien n'a donc changé chez Cristiano Ronaldo depuis vingt-cinq ans. Comme si tout était écrit. Comme si rien ne pouvait véritablement contrarier les plans d'un enfant voué au football.

Seule inconnue, au fond, le destin, parfois capricieux. Et dans le cas de Ronaldo, un banal imprévu qui aurait pu tout remettre en cause. Car lorsque Pontes pose le pied à Madère, à l'occasion d'un tournoi organisé par le club du jeune Cristiano, le Desportivo Nacional, l'espoir tant recherché n'est pas sur la pelouse, mais en tribunes ! « Vous vous doutez bien que je n'avais pas fait tout ce chemin pour rien. J'ai donc fait en sorte qu'un ballon arrive dans ses pieds et qu'il joue près de la pelouse avec certains de ses camarades. Lorsque j'ai constaté à quel point c'était un phénomène, j'ai aussitôt pris mon téléphone, appelé les dirigeants du Sporting et insisté pour que l'on fasse une proposition à ce garçon. Au printemps 1997, Cristiano Ronaldo débarquait à Lisbonne. »

Destination succès, on le sait, en dépit d'arrêts répétés sur les cases « galère ». La première, lorsque l'enfant de Madère passe son test de détection au Sporting. En dépit des recommandations, le gamin chétif tarde à convaincre. Pas sportivement, mais financièrement, car il faut débourser près de 22 000 euros pour concrétiser le pari. Aurélio Pereira, le directeur du centre de formation du Sporting, confie dans les colonnes du magazine *So Foot* en décembre 2013 : « Le Nacional da Madeira avait contracté une dette envers le Sporting, car il n'avait pas payé l'indemnité de formation d'un de nos anciens joueurs parti chez eux. Un jour, les dirigeants du Nacional nous appellent pour nous dire qu'ils n'avaient pas assez d'argent pour effacer cette dette, mais qu'en revanche, ils avaient un gamin très fort chez leurs jeunes. Comme Ronaldo avait à peine 12 ans, je ne pouvais pas accepter la proposition du Nacional sans l'avoir vu auparavant. J'ai donc dit : "O.K., envoyez-le à Lisbonne pour qu'il passe des tests et ensuite on verra." Je n'étais pas présent à son premier entraînement avec le Sporting, mais les entraîneurs qui l'ont supervisé m'ont tout de suite appelé pour me dire qu'il fallait que je voie Cristiano. J'ai voulu vérifier ça, donc je suis allé le voir le lendemain, et j'ai été frappé, plus que par son talent évident, par cette auto-estime qu'il avait. Pas de l'arrogance, non, mais de la confiance en soi, la marque des très grands champions. D'autant que le test n'était pas réalisé chez lui, dans un climat favorable. Il était à des kilomètres de son île natale, au milieu de joueurs plus âgés que lui. Et malgré cela, il ne doutait pas du fait qu'il était meilleur que tous les autres. C'était dans ses gènes. Cristiano est un enfant de la rue, c'est là-bas qu'il s'est vraiment formé. C'est la rue qui a fait de lui le grand champion qu'il est devenu. En plus de ça, il n'avait pas peur de faire des erreurs. Il tentait de faire plein de choses sur le terrain, et s'il les faisait mal, il ressayait jusqu'à y arriver. Mais ç'a été difficile pour moi de convaincre les hauts dirigeants du Sporting d'accepter d'effacer une dette de 22 000 euros pour un joueur aussi jeune. J'ai parlé avec le responsable économique du club pendant une longue demi-heure, ce n'était pas facile de lui faire comprendre qu'un gamin de 12 ans valait autant d'argent, surtout qu'il ne connaissait pas grand-chose au foot. Heureusement pour nous, j'ai reçu un coup de téléphone peu de temps après l'entretien pour confirmer la venue de Cristiano Ronaldo au Sporting. »

Qui, en effet, et à 12 ans, peut ainsi mériter un tel investissement ? Cristiano Ronaldo, uniquement. Qui en dépit de son obsession de réussir, et de sa notoriété naissante à Funchal, traverse de sérieux coups de blues une fois installé à Lisbonne. Sa famille est loin, il ne parle que rarement à son père, Jose Dinis Aveiro, en proie à une forte dépendance à l'alcool, pleure plusieurs fois par jour et souffre d'un environnement inadapté, dans un centre de formation sans jeunes de son âge, entouré d'adolescents de 16 à 19 ans. Cristiano en a quatre de moins et son attitude, parfois égocentrique, souvent personnelle, déconcerte ses partenaires. Les allers et retours Lisbonne-Madère sont dès lors synonymes de cauchemars pour les dirigeants du Sporting, convaincus que le gamin à plus de 20 000 euros ne reviendra pas de son île. Seul un déménagement, celui de sa mère en l'occurrence, permet à Ronaldo de se sentir à l'aise dans la capitale portugaise. Et de reprendre le fil conducteur de sa vie : la réussite. En témoigne cette anecdote, alors qu'il n'a pas encore foulé une seule pelouse du championnat national, dévoilée dans l'une des innombrables biographies du Portugais (***Cristiano Ronaldo, la biographie***, par

Guillem Balague, Hugo Sports Editions). Hugo Pina, partenaire de Ronaldo au centre du Sporting Portugal, raconte : « Il devait avoir 15 ou 16 ans. Les garçons qui se faisaient punir devaient nettoyer les salles à manger et sortir les poubelles. Un jour, ce fut son tour. On s'est donc un peu moqués de lui, avec sa poubelle à roulettes : "Alors Ronaldo, t'as une Ferrari hein ?" Et il a répondu : "Vous verrez. Un jour je serai le meilleur du monde et j'aurai plein de Ferrari." »

Dans la bouche de l'aspirant professionnel, aucune morgue, mais une certitude. Conviction ancrée au plus profond de lui et assez vitre perceptible au sein du groupe professionnel. Il y arrivera, quoi qu'il advienne, car il est né pour vaincre. « C'est un vainqueur-né, ajoute Pereira. C'est dans son sang. Dès qu'il y avait de la compétition, il ne voulait pas perdre, que ce soit au football, au ping-pong ou même au baby-foot. Donc il gagnait, naturellement. Et les rares fois où il était défait, il boudait. Ce dégoût pour la défaite est l'une des raisons qui expliquent pourquoi il se maintient à ce niveau, et mieux, pourquoi il progresse depuis tant d'années. »

Cristiano n'a que 16 ans lorsque Laszlo Bölöni, ancien joueur roumain et entraîneur baroudeur, notamment passé en France par l'AS Nancy-Lorraine, l'AS Monaco et le Stade rennais, pose ses valises sur le banc de touche du club lisboète. Le flash est immédiat. « C'était durant un match amical des moins de 16 ans. Je venais d'arriver et sa facilité technique m'a immédiatement sauté aux yeux. D'un entraînement à l'autre, il était capable de sortir de nouvelles choses incroyables. Et il progressait vite dans tous les domaines. J'avais aussi été impressionné par sa grande maturité. Dès qu'il entrait sur le terrain, il n'était plus un gamin mais le Ronaldo que vous connaissez aujourd'hui. » Ce que Bölöni finira par avouer, quelques années plus tard, une fois repris son voyage itinérant à travers le monde, c'est qu'il est directement impliqué dans le changement de poste de la future star. Ronaldo avant-centre, dribbleur fou, buteur patenté, c'est terminé. Place à l'aile, où son impatience de conserver le cuir se fait (un peu) moins sentir. « Il jouait en effet avant-centre, en numéro neuf avec les jeunes, mais j'ai décidé de le mettre ailier droit. Il était léger, pesait 60 kilos, il lui aurait été très difficile de jouer dos au but et de se mesurer à des gars de 100 kilos. J'ai été rapidement heureux de la décision que j'avais prise, mais au début c'était difficile. Pour lui, le plus important était de dribbler, il ne pouvait pas jouer sans le faire. Ma tâche était de lui dire qu'un dribble pour éliminer un défenseur c'est important, deux aussi... mais que cinq c'était trop ! J'ai essayé de lui expliquer dans quelle mesure ces dribbles étaient utiles, et lui, petit à petit, avec son intelligence, a trouvé le bon chemin. »

La mue du joueur est d'une rare efficacité : Ronaldo, à 17 ans, s'impose peu à peu dans l'effectif, participe à 25 rencontres au cours de la saison 2002-2003, signe une première participation en Ligue des champions et s'offre quelques buts (5) dont trois en championnat. Le voilà presque installé, et déjà courtisé (l'Olympique lyonnais et Liverpool ont alors pris des renseignements), alors que Bölöni tire sa révérence. La suite de l'histoire, qui pourrait être jalonnée de matches et de buts au sein du club qui l'a révélé, connaît au contraire un brutal coup d'accélérateur, aussi marquant qu'inattendu.

Nous sommes à l'été 2003, le 6 août précisément, lorsqu'un match amical a lieu à Lisbonne dans le cadre de l'inauguration du nouveau stade José Alvalade, rénové dans la perspective de l'Euro 2004 organisé au Portugal. De l'habituel, en somme, à l'exception de l'adversaire, les Anglais de Manchester United. Cristiano Ronaldo, à défaut de marquer, accomplit ce soir-là une performance de gala, réalise des prouesses sur son aile gauche et mystifie, à de nombreuses reprises, les défenseurs aguerris de Man U. Résultat, une victoire trois buts à un, des joueurs anglais passablement énervés et un entraîneur mancunien, Alex Ferguson, qui fait des siennes au cours d'une scène aujourd'hui inimaginable. Le tout raconté par Nicky Butt (*The Sun*, août 2020), titulaire ce soir-là dans l'effectif des Red Devils. « Ce jeune garçon, dont nous n'avions jamais entendu parler, était électrisant. Nous l'avons tous regardé et avons pensé à la fin du match, face à ce qu'il venait de nous faire vivre, qu'il serait une excellente recrue. On a fini par s'asseoir dans le car de l'équipe, après le match, et on a attendu pendant environ trois heures. Tout le monde s'énervait. On voulait juste partir. Mais il s'est avéré que le manager (Ferguson) et David Gill (l'ancien directeur général de United) étaient dans le stade en train de faire signer un contrat à Cristiano Ronaldo. » Il faut en effet le lire pour le croire et imaginer un transfert de plus de 15 millions d'euros se négocier dans les coursives d'un stade entre différents interlocuteurs qui ne se sont jamais vus 90 minutes auparavant !

Une semaine plus tard, le 12 août 2003, l'accord est signé, la paperasse enregistrée : le Portugais Cristiano Ronaldo est un joueur de Manchester United. Et puisque le rocambolesque, notamment en matière de ballon rond, n'a que peu de limites, on s'amuse encore de savoir que Ronaldo effectue le voyage en Angleterre sans aucun bagage, persuadé qu'il est alors d'être seulement transféré la saison suivante !

En Angleterre, si loin de l'île de Madère, Ronaldo va s'évertuer à faire du... Ronaldo. Des buts en plus et les sunlights naissants de la gloire rivés sur sa personne. Rien, toutefois, qui ne soit susceptible de modifier sa véritable nature et son sens maladif de la perfection. Matin, midi et soir, le joueur ne s'amuse pas, il bosse. Un acharné qui pousse même son entraîneur à lui hurler dessus certains jours pour qu'il retourne au vestiaire, plus de deux heures après la fin de l'entraînement. Ses coéquipiers, qui défilent, dressent tous le même constat : Ronaldo ne doit sa réussite qu'à sa perception du métier et à l'exigence qu'il s'impose. Parmi eux, Patrice Evra, ancien latéral de Manchester et partenaire de celui que l'on va bientôt appeler par ses initiales et son numéro de maillot, CR7 : « Il m'a invité une fois à déjeuner et ce n'était pas un vrai déjeuner, parce que chez Cristiano, tu auras l'un des déjeuners les plus ennuyeux de ta vie : essentiellement de la salade, du poulet nature et de l'eau. À un moment donné, il voulait aller à la salle de sport et je lui ai dit : "Mon frère, nous venons de terminer une séance d'entraînement, pourquoi devrions-nous en faire une deuxième ?" » (Talksport, novembre 2021). Autre témoin, autre constat, cette fois partagé par un défenseur belge, Ritchie De Laet, qui a côtoyé plusieurs mois durant Ronaldo sans jamais oublier un moment simple partagé avec la star : « Ce n'était pas au début de sa carrière, mais juste avant qu'il quitte Manchester et signe au Real Madrid. Une fois, alors que nous avions l'habitude de jouer ensemble, je l'ai battu à une partie de tennis de table. Croyez-le ou non, mais la partie terminée, il est directement allé acheter sa propre table de ping-pong pour s'entraîner » (*Het Laatste Nieuws*, mai 2016).

Comment s'étonner, dès lors, que Ronaldo et Manchester United écrivent le début d'une très belle histoire. En six saisons sous le maillot des Red Devils, à Old Trafford, théâtre des rêves, ou ailleurs, l'attaquant totalise plus de cent buts et garnit ses armoires à trophées : Ballon d'or en 2008, joueur de la Fédération internationale, vainqueur de la Ligue des champions, de la Coupe du monde des clubs la même année, champion d'Angleterre trois saisons consécutives (2007, 2008, 2009) et vainqueur de la Coupe d'Angleterre. À la une des magazines, sur les réseaux sociaux, sur les pelouses, il est partout. L'occasion de défrayer la chronique, une fois encore, lui est donnée au printemps 2009 lorsqu'il éprouve des envies d'ailleurs. Les clubs les plus réputés de la planète sont logiquement à ses pieds, mais c'est le Real Madrid, dont les facilités financières sont déconcertantes, qui arrache les enchères avec une transaction estimée à 93 millions d'euros ! L'Angleterre boude, Manchester râle et Ronaldo, à longueur d'interviews, justifie son choix : « Je n'ai jamais caché le fait de vouloir jouer en Espagne, et au Real Madrid en particulier. J'ai pensé que cela pourrait être le moment adéquat car après avoir gagné la Ligue des champions avec Manchester United, j'ai senti que j'avais besoin d'un nouveau défi. Tout le monde sait également que les cultures et les styles de vie espagnol et portugais sont similaires. Les gens ne peuvent pas se mettre en colère contre moi parce que je tente d'accomplir un rêve de jeunesse. Le Real Madrid était intéressé par moi et a fait une offre très importante. Pendant un temps, j'espérais que mon club accepte l'offre. Si nous n'avions pas été champions d'Europe, je n'aurais probablement jamais pensé aller à Madrid. »

Le club espagnol, qui ne voit passer que d'illustres stars, tente alors de construire une nouvelle ère, mise à mal depuis le départ de ses Galactiques (le Brésilien Ronaldo, Zinédine Zidane, David Beckham). CR7 est la recrue idoine, capable de marquer, faire marquer et d'enflammer le Bernabeu, le stade mythique du club espagnol. Ses coéquipiers, à défaut d'être sous le charme, cessent aussitôt de l'imiter lors des séances d'entraînement, comme le défenseur Sergio Ramos avait jusque-là l'habitude de le faire. Et tous, sans aucune exception, sont béats d'admiration devant le travail, au quotidien, effectué par le Portugais afin de rester au sommet. CR7 sous le maillot merengue, ce sont, par la suite, des chiffres à retenir, tant ils paraissent ahurissants. On ne s'attarde même pas sur les deux Ballons d'or supplémentaires et les quatre Ligue des champions glanés, mais bel et bien sur les 450 buts inscrits en 438 rencontres officielles disputées, soit un ratio de 1,027 but par rencontre. Ce sont 311 buts en 292 rencontres de Liga, 120 passes décisives et un record toutes catégories confondues, avec 61 buts marqués pour la seule saison 2014-2015 toutes compétitions confondues. La machine à jouer, et à marquer, ne s'est jamais éteinte, ni abîmée quelques semaines. Et s'il fallait d'ailleurs s'attarder, plus encore, sur un chiffre marquant, ce serait sans (aucun) doute sur le nombre de rencontres non débutées par Cristiano, placé sur le banc de touche pour cause de méforme ou de doutes sur son physique : 3 en 441 rencontres disputées. Preuve, au fond, que l'enfant de Funchal ne doit sa réussite qu'à ses principes, son opiniâtreté, sa rigueur et ses valeurs. Jamais, au cours de sa carrière, et alors qu'il vient de souffler ses 37 bougies, il n'a lâché ou reporté à demain ce qu'il pouvait faire le jour-même. Jamais le Sporting Lisbonne, Manchester United, le Real Madrid ou la Juventus Turin n'ont songé à lui indiquer le chemin de la sortie, trop heureux de compter dans leurs rangs un modèle pour les futures générations de footballeurs.

Cristiano Ronaldo est au fil du temps devenu une icône, une star planétaire. On privilégiera quant à nous le modèle. L'exemplaire personnage à qui l'on peut tout reprocher sans pouvoir toucher à l'essentiel. Le mot de la fin revient à l'un de ses anciens partenaires à la Juventus Turin, l'international marocain Mehdi Benatia, qui se souvient de Cristiano Ronaldo : « Exceptionnellement un soir, notre entraîneur avait décidé de faire tourner l'effectif. J'étais à côté de lui sur le banc de touche car on jouait en Ligue des champions trois jours après. Dans le bus, à notre retour à Turin, il m'envoie un texto : "Qu'est-ce-que tu vas faire là ?" Je lui réponds : "Il est 23 heures, je vais rentrer chez moi. Pourquoi ?" Et là il me met le message suivant : "Tu te sens pas de faire une petite séance de salle ? Je n'ai pas transpiré, j'ai besoin de faire une séance, tu ne veux pas m'accompagner ?" » Fermez le banc.

NEYMAR JR,
LE NON-BÉNÉFICE DU DOUTE

Il y aurait donc l'envers du décor. Une vie d'ailleurs, éloignée du terrain et des artifices. Un passé pesant, et suffisamment éprouvant, pour que la star du ballon rond en nourrisse d'inaltérables vertus. À occulter donc, les réseaux sociaux, les clichés Instagram pour 160 millions d'abonnés, la passion rémunératrice du poker et les changements permanents de styles, vestimentaires ou capillaires. Neymar Junior, c'est aussi et surtout une enfance pauvre et une croyance absolue en Dieu. Comme si le star-système n'était qu'un jeu, un de plus, guère susceptible de lui faire oublier d'où il vient. Comme si cette propension à s'étaler sur le devant de la scène n'était qu'une revanche sur un destin parfois capricieux.

Le destin, justement. Ou plutôt la bonne étoile, qui couve le futur génie après quatre mois d'existence seulement. Au mois de juin 1992, alors que Pelé n'est plus pour le Brésil qu'un lointain souvenir et que Ronaldo n'est pas encore digne d'être son héritier, la famille Santos emprunte, au sortir d'un match de football, une route sinueuse et détrempée de Mogi das Cruzes, petite ville située dans les environs de São Paulo, sur laquelle ils percutent violemment un autre véhicule venant en sens contraire. Les parents, maculés de sang et sonnés, cherchent le couffin de leur fils, pensant qu'il a été éjecté de la voiture. Par miracle, Neymar Junior est dans l'habitacle, sous le siège arrière, recouvert lui aussi de sang, mais sans aucun dommage corporel. Un événement en tous points exceptionnel, pour une issue ahurissante, qui pourrait dès lors nous conduire à ne plus nous étonner de rien. C'est le cas, tant la vie de l'artiste Neymar s'apparente à une fable déjantée en lecture accélérée.

Le ballon rond ? Dès la plus tendre enfance, et telle une passion dévorante, mais pas dans un club, contrairement à ses amis, ou sur le conseil d'un quelconque recruteur. Uniquement dans la rue, du matin au soir, ou dans de petites salles obscures afin de pratiquer le futsal. « Cette pratique a eu une influence énorme sur moi dans mon enfance », a-t-il depuis expliqué au magazine anglais *FourFourTwo*. C'est un sport très éprouvant, mais ça m'a aidé à développer ma technique, ma vitesse d'exécution et ma capacité à réussir des gestes dans des petits espaces. Au futsal, vous êtes obligés de penser et bouger plus vite. Si vous perdez une seconde, le ballon est déjà parti. J'ai adoré y jouer, ce fut même une passion, mais j'ai dû arrêter pour évoluer en tant que footballeur. »

La préparation physique ? Papa s'occupe de tout, déjà, et bien avant que son fils présente des aptitudes pour son futur métier. L'adolescent fluet n'a ainsi que 14 ans, en 2006, lorsque Neymar Pai (le père Neymar en Brésilien) s'inscrit à l'université pour suivre un programme intitulé « Comment apprendre à gérer un athlète à la maison ».

Le plan de carrière ? Là encore, on baigne dans le jamais-vu avec un Neymar da Silva Senior omniprésent et pour qui le mot « intérêt » revêt tout son sens. En 2006, toujours, la société Neymar Sports Junior voit ainsi le jour, idée originale et œuvre exclusive du paternel, spécialisée dans la vente et la gestion des droits d'image d'un joueur alors âgé... de 14 ans ! « Dès que mon fils passe le seuil de la porte, il devient mon gagne-pain. Il brasse de l'argent. C'est devenu un véritable business, et sa mère et moi-même en sommes les présidents. Le but a toujours été de subvenir aux besoins de la famille da Silva Santos sur quatre ou cinq générations. J'avais la pratique mais pas la connaissance d'une personne qui maîtrisait l'aspect physiologique. Je voulais me battre contre Neymar, lui apprendre comment se comporter en dehors des entraînements. » Raison suffisante, dès lors, pour que la compagnie étende son influence à l'immobilier, à la vente de produits dérivés, et que Neymar accumule les sponsors personnels tout au long de sa carrière.

C'est à 17 ans, finalement, que Neymar débarque officiellement dans la jungle du football brésilien. Titulaire, et démonstratif, au sein du club qui a révélé un certain Pelé quarante ans plus tôt : Santos. Son tout premier entraîneur, Antônio Lima dos Santos, n'a rien oublié, forcément : « Lorsqu'il est arrivé chez nous, à l'âge de 13 ans, il continuait à jouer au futsal, mais il était si bon sur le gazon que nous l'avons convaincu de se consacrer entièrement au football. J'ai quant à moi insisté auprès de la direction de Santos pour que l'on crée une catégorie pour les joueurs de moins de 13 ans. Nous ne pouvions pas laisser Neymar filer vers un autre club. C'était déjà un joueur avec une vitesse et une intelligence de jeu impressionnantes » (*Le Parisien*, novembre 2017).

Le 7 mars 2009, les grands débuts ont lieu face à l'Oeste Football Club, dans le cadre du championnat de São Paulo. Son aisance technique et sa vision du jeu font vite la différence, lui permettant, notamment, de marquer à quatorze reprises pour une première saison parmi l'élite. Déjà une curiosité, un phénomène, mais pas encore une star, que son père protège au fur et à mesure que le temps passe. La frontière est ainsi tracée : le terrain au fils, les à-côtés au père. Ce qui ne manque pas d'éclairer la relation, jugée fusionnelle et sans limite dès qu'il est question de gros sous. Ainsi, lors de la saison 2010-2011, celle qui voit l'explosion au plus haut niveau du joueur, 40 % des droits sportifs de Neymar sont déjà vendus à un fonds d'investissement (DIS) et Neymar Senior tente également de caser son fils dans les plus grands clubs européens du moment, en Espagne, au Real Madrid, ainsi qu'en France, à l'Olympique lyonnais. Alors recruteur pour le compte du club rhodanien au Brésil, l'ancien défenseur, Marcelo, n'a rien oublié de l'approche : « En 2009, j'avais en effet rédigé des rapports sur deux jeunes joueurs brésiliens que personne ne connaissait, Ganso et Neymar. Bernard Lacombe, alors conseiller du président Jean-Michel Aulas, était venu plusieurs fois voir jouer les deux garçons et était tombé sous le charme de Neymar. Mais financièrement c'était compliqué, il y avait déjà énormément de clauses dans son contrat… » Des clauses et, surtout, des augmentations de salaires perpétuelles, accordées au père-agent, qui entre salaire net, primes et droits commerciaux, parvient à faire passer son fils de 4 500 euros net à 16 ans à plus de 70 000, hors primes, quatre ans plus tard.

Il est également la foi partagée par la famille da Silva dans son ensemble. Très croyants, le père et le fils vont même plus loin que les simples prières, en versant 10 % du salaire du joueur à une église pentecôtiste de São Vicente ainsi qu'aux Athlètes du Christ, association qui regroupe sportifs et anciens sportifs de haut niveau. « Dieu, c'est tout pour moi, il m'a toujours aidé, tout ce que j'ai, c'est lui qui me l'a donné. Je le remercie tous les jours. Je n'ai pas trop le temps d'aller au culte en ce moment, mais dès que je peux, je fais une petite escapade à l'église baptiste que je fréquente depuis que je suis enfant. » La décision de créer le propre institut du joueur, en faveur des enfants défavorisés de 7 à 14 ans, sera prise de concert entre les deux hommes lorsque l'Instituto Projeto Neymar Jr verra le jour en 2014.

Neymar, et sans l'aide de son père cette fois, est entre-temps devenu une icône du football mondial. Qui a logiquement quitté le Brésil, et Santos, au mois de juin 2013 après avoir gagné un titre majeur, la Copa Libertadores, et le championnat de l'état de São Paulo à plusieurs reprises. Même si le chiffre reste à débattre, car certains doutent de sa véracité, le Brésilien aura inscrit 136 buts en 225 matches disputés. Il aura fêté, et avec un but, sa toute première cape avec le Seleçao, la sélection brésilienne, au mois d'août 2010, face aux Etats-Unis. Considéré comme le meilleur joueur sud-américain du moment, son immense talent est fréquemment remis en cause par des sujets éloignés des terrains et dont la presse brésilienne se gargarise. Sa paternité, alors qu'il n'a que 20 ans, fait la une des journaux et le contraint à étaler sa vie privée sur quatre ou cinq colonnes. Son transfert au FC Barcelone ne cesse, quant à lui, de créer la polémique en raison de malversations supposées et d'un arrangement pas très clair entre les dirigeants du club catalan et l'inévitable père Neymar. Delcir Sonda, patron du fonds d'investissement à qui appartenaient 40 % des droits sportifs du joueur, porte plainte et se répand dans différents médias. « Pour être clair, Neymar a atterri en Catalogne parce que Sandro Rosell, président du FC Barcelone à cette époque, a soudoyé son père. Il s'agit tout bonnement d'un délit de corruption entre particuliers. Neymar a signé dix-sept documents officiels du Barça et il a perçu de l'argent du club blaugrana alors qu'il était encore joueur de Santos. Éthiquement, ce n'est pas correct. Il a même joué la finale du Mondial des clubs au Japon face à Barcelone (défaite 4-0) alors qu'il avait déjà reçu de l'argent des dirigeants catalans. Le Real Madrid est le premier club à s'être manifesté pour Neymar. Et Neymar avait dit oui. Il avait même passé la visite médicale dans la clinique d'un de mes amis. Le Real était prêt à mettre les 65 millions d'euros de sa clause libératoire et même 10 millions de plus. »

Le dossier fait et va faire couler beaucoup d'encre, contraignant même à la démission le président du Barça, Sandro Rosell, accusé de détournement fiscal. Les Neymar ? Jamais inquiétés. Ni le père, qui a tout de même touché 40 millions d'euros versés sur le compte de la société familiale, dont 10 trois ans avant que le transfert se réalise. Ni le fils, dans un premier temps, impérial sur le terrain au contact des plus grandes stars du moment. À 21 ans, Neymar affiche déjà sa qualité première : laisser dire, laisser faire. Le buzz médiatique, il connaît. Les tempêtes extra-sportives, il les a déjà affrontées. Lui répond balle au pied, convaincu qu'un club légendaire du football européen est susceptible de le hisser au rang espéré, aux côtés des Brésiliens mythiques que sont Pelé, Jairzinho, Zico, Socrates, Ronaldo ou Ronaldinho. Neymar a soif de titres. Son vœu est exaucé, et plus vite qu'on ne le croit, sur les pelouses espagnoles. Non pas la première saison car, en dépit de ses quinze buts et onze passes décisives toutes compétitions confondues, il n'offre au FC Barcelone qu'une place de second en championnat, derrière l'ennemi madrilène, et une élimination en quart de finale de la Ligue des champions. Pas davantage de réussite avec la Seleçao ou le génie sombre corps et âme lors de la Coupe du monde 2014, organisée au Brésil. Quatre buts et cinq passes décisives, certes, mais une blessure qui le prive de demi-finale, et, surtout, une humiliation nationale face à l'Allemagne avec un revers retentissant, sept buts à un. C'est la seconde saison sous le maillot blaugrana qui propulse le Ney parmi les plus grands. Trente-neuf buts, toutes compétitions confondues, et un exercice ô combien abouti puisque Neymar joue un rôle prépondérant dans la conquête de la Ligue des champions (10 buts en 12 matches), obtenue aux dépens de la Juventus Turin. À 23 ans, Neymar signe un triplé retentissant avec, également au compteur, un championnat et une Coupe d'Espagne. Le Brésilien est de tous les bons coups, régulier dans ses performances et buteur patenté, 44 réalisations en Liga lors de ses deux dernières saisons sous le maillot blaugrana.

Telle une habitude, mauvaise et fréquente dans la carrière du Ney, les frasques familiales finiront par pourrir l'ambiance. Car de son passage en Catalogne, on retiendra également le procès et la condamnation du mois de mars 2016. Reconnu coupable d'évasion fiscale et de falsification de documents au Brésil, Neymar est condamné à payer une amende record de 46 millions d'euros. La justice brésilienne, qui gèle à cette occasion une partie de ses avoirs sur place, notamment son jet et son yacht, remet en cause le transfert du joueur de Santos à Barcelone, prétendument estimé à 57 millions d'euros mais sur lequel Santos, la famille du joueur et ses sociétés d'image auraient en fait touché autour de 90 millions...

On ne sait si le dossier est, pour Neymar, un élément déterminant dans ses envies d'ailleurs. Seule certitude, le poids de Lionel Messi, à côté de qui il sera un éternel second, les affres du scandale et la proposition financièrement non refusable des dirigeants qataris le poussent à quitter Barcelone pour rejoindre le Paris Saint-Germain. Non refusable ? Et comment. Car si le 3 aout 2017, on apprend officiellement que le club de la capitale a payé les 222 millions d'euros de sa clause libératoire, d'autres concessions, tout aussi hallucinantes, ont été accordées au clan du Brésilien pour la signature d'un contrat de cinq ans. Le salaire ? Plus de 216 millions d'euros bruts, soit 43,3 millions d'euros bruts chaque année et 3 096 520 euros bruts chaque mois. Les primes ? Comme révélé par le quotidien espagnol *El Mundo,* le club parisien s'engage à ce que Neymar ne touche jamais moins de trente millions d'euros par an, incluant une prime de 541 680 euros…

Avec ce transfert retentissant, sportivement et financièrement, la star Neymar, une fois en France, provoque les mêmes effets qu'en Espagne. Les tribunes se remplissent, les contrats et les buts (122 toutes compétitions confondues, y compris face au Brésil, depuis son arrivée) se multiplient et les victoires se succèdent, notamment en Ligue 1. Mais le Brésilien, quoi qu'il fasse, quoi qu'il dise, reste sujet à la critique, aux blessures, et surtout dans l'ombre de Messi. Car, paradoxe de l'histoire, le Ney évolue désormais, et à nouveau, sous les mêmes couleurs que la Pulga, au sein du club de la capitale française. S'il souhaite marquer l'histoire, et enfin remporter une Coupe du monde, Neymar devra pourtant la jouer, et la gagner, en solitaire. Pour rejoindre Pelé, Ronaldinho et Ronaldo, qu'il rêve depuis toujours d'égaler au panthéon des stars brésiliennes.

MEMPHIS, ITINÉRAIRE D'UN ENFANT PAS GÂTÉ

Inutile de chercher loin, l'incongruité se pose là. Face à nous, face à vous, renvoyant au caractère bien trempé du garçon et à sa jeunesse infamante. Pas le moindre nom de famille floqué sur le dos du maillot, juste un prénom, et sept petites lettres, pour justifier d'une existence. On l'appellera donc Memphis, et non Depay, afin de satisfaire à sa demande. Et d'expliquer le pourquoi du comment, remontant au siècle dernier, lorsque l'enfant, jusque-là sans histoire et âgé de 4 ans seulement, vrille du jour au lendemain après la fuite du paternel.

Le déserteur en question, c'est Dennis Depay, pressé de renouer avec ses origines ghanéennes et de rentrer au pays. Et peu importe que sa femme, Néerlandaise, soit dans le besoin avec un enfant à charge. Premier traumatisme qui bousille une enfance et donne vite, très vite même, le sens des responsabilités. « Pendant très longtemps, je me suis dit que mon père n'avait jamais été là pour moi. Pourquoi devais-je porter son nom dans mon dos ? J'en ai beaucoup souffert dans ma jeunesse et tout ce que je sais, je l'ai appris de moi-même ou de ma mère. Ma mère, elle, m'a dit que je pouvais devenir ce que je voulais, alors je répétais à mes amis que je deviendrais professionnel, et ils se marraient. J'ai l'impression d'avoir passé ma jeunesse dans une jungle. J'ai grandi dans un environnement compliqué, et pour m'en sortir, j'ai toujours dû mener des batailles. »

À lire et à écouter Memphis, on ne devine pas instantanément le pire. Cet autre et second drame, à peine moins révoltant que le premier, qui conduit sa mère, Cora Schensema, abandonnée par son mari, à refaire sa vie avec un homme, violent et tyrannique, qui a déjà à sa charge une dizaine d'autres enfants. Memphis n'est guère le bienvenu. Le sent, le voit, le vit, au quotidien ; il est victime d'abus physiques et psychologiques récurrents. « J'ai même été menacé avec un couteau, et les autres enfants de celui qui était mon beau-père m'ont tiré l'oreille avec des pinces », a-t-il depuis raconté. Les seuls et éphémères instants de bonheur proviennent du ballon rond, et du terrain, situé à quelques encablures du pseudo-domicile familial. Une inscription au (petit) club local de Moordrecht, dans la banlieue de Rotterdam, et voilà Memphis en paix. À certains moments, mais jamais avec lui-même, car il est trop indiscipliné, trop caractériel, et logiquement violent, eu égard à son lourd passif familial. Footballistiquement, en revanche, le débat ne porte pas sur ses aptitudes. Le gamin est doué, fort techniquement, costaud dans les duels, intrépide sur le terrain comme dans le cours de son existence. Au-delà des tensions, des coups de gueule de ses entraîneurs, et de fréquentes bagarres sur le pré, Memphis contraint au silence ses camarades par sa seule efficacité.

À 9 ans, en 2003, il est d'ailleurs repéré par l'un des deux grands clubs de Rotterdam, le Sparta et non le Feyenoord, qui croit en la méthode de ses éducateurs pour dompter l'insolent. Peine perdue, le mal est fait. « Il ne savait tout simplement pas ce que bien se comporter voulait dire, raconte au quotidien anglais *The Guardian* l'un de ses entraîneurs, Kevin Valkenburg. Memphis était impossible à entraîner, il n'acceptait pas d'être corrigé. On ne l'a pas gardé au Sparta, il était dévasté, mais déjà très fort au football. »

C'est au contact d'une autre famille, et d'un garçon du même âge, son meilleur ami, que Memphis trouve un semblant d'humanité. Lien essentiel qui le pousse à tenir bon et à croire en son étoile, pourtant peu reluisante. « La situation était très mauvaise, admet sa mère dans un documentaire diffusé il y a quelques années sur RMC Sports. Ça s'est très mal passé pour nous. Ça nous a pris des années pour nous reconstruire. Ça nous a totalement brisés. Je voulais abandonner. Memphis aussi voulait parfois abandonner. Heureusement, il avait le football et c'est ce qui l'a sauvé. »

Le motif de survie n'émane pas que du ballon. Car si Memphis, dès 12 ans, est courtisé par les plus grands clubs bataves, dont l'Ajax d'Amsterdam qui lui fait une cour effrénée, la volonté de fuir Rotterdam, et d'échapper aux liaisons dangereuses croisées tardivement dans les rues, prédomine. L'ado difficile doit impérativement changer d'air et mettre un terme à ses activités parallèles, relatées dans son autobiographie (*Cœur de Lion*, 2019) : « J'ai vendu de la drogue pendant une courte période. Des drogues douces. Régulièrement, je rendais visite à des types qui avaient tranquillement un kilo de cocaïne sur la table. Bizarre, bien sûr. » Va donc pour Eindhoven, son institution, le PSV (Philips Sport Vereniging), qui appartient à la marque Philips, et ses équipes de jeunes. Thijs Slegers, responsable de la communication du club batave, confie à nos confrères de la BBC : « Memphis traînait dans les rues les plus mal fréquentées de Rotterdam, avec des gens qui exerçaient une mauvaise influence sur lui. Quand le club est venu le chercher, il a compris que même s'il n'avait que 12 ans, il devait couper les ponts avec ces gens-là. À Eindhoven, la vie est bien plus calme qu'à Rotterdam. En comparaison, Memphis venait du far west. »

Deux conditions à la venue du joueur sont néanmoins imposées : qu'il soit placé dans une famille d'accueil, ce qui paraît compréhensible, et, beaucoup plus surprenant, qu'il soit suivi par un coach mental afin de trouver l'équilibre. Ce coach mental se nomme Joost Leenders, avec qui le début de relation est pour le moins complexe, comme il le raconte lui aussi à RMC Sports, dans une émission entièrement consacrée à l'attaquant batave (***Transversales***) : « Memphis se disputait tous les jours avec ses entraîneurs car ils ne le comprenaient pas. Pour un garçon de 12 ans, il avait un comportement qui lui était propre, unique, différent des autres. La première discussion a été un peu spéciale. On était plusieurs adultes à s'adresser à un garçon de 12 ans et à lui expliquer que son comportement n'allait pas. Après 45 minutes, je me suis levé et lui ai demandé de me suivre. J'ai pris un ballon et on est allés dans un espace vide, juste à côté. On a joué au foot pendant une heure tandis que les autres étaient dans le bureau. Je devais gagner sa confiance. »

Pas inutile, surtout en 2009, lorsque Memphis, alors âgé de 15 ans, vit un énième moment douloureux avec la disparition de son grand-père maternel, l'un des rares membres de sa famille avec qui il partage tout et à qui il a fait le serment de devenir joueur professionnel. Touché, meurtri, Memphis n'abandonne pas, enchaîne les solides prestations avec l'équipe réserve du PSV et apparaît même comme une solution crédible aux yeux de l'entraîneur de l'effectif professionnel. Le rêve devient réalité au mois de septembre 2011 lorsque, à 17 ans et 7 mois, il endosse pour la toute première fois le maillot de l'équipe première en Coupe des Pays-Bas, au second tour de la compétition, face à un modeste club amateur, le VVSB Noordwijkerhout. L'histoire retient que Memphis, bien excentré sur son côté gauche, marque à deux reprises, est remplacé à la 76e minute de la rencontre et pousse, par la suite, l'ancienne star du club devenue entraîneur, Phillip Cocu, à fréquemment faire appel à ses services.

Des bouts de matches certes, mais 5 buts tout de même et 2 passes décisives en 11 rencontres ainsi qu'une notoriété naissante aux Pays-Bas avec la sélection nationale des moins de 17 ans, avec qui il brille en remportant le championnat d'Europe. Revenu de tout, enfin débarrassé de ses tourments, Memphis espère logiquement franchir un cap et s'installer dans la hiérarchie des joueurs offensifs du PSV. Mais à l'image de son parcours, tortueux, un événement vient chambouler ses plans : l'arrivée sur le banc de touche d'un grand nom du football néerlandais, Dick Advocaat. Ce dernier, qui estime avoir autre chose à faire que de justifier ses choix, n'accorde pas sa confiance à Memphis, et le laisse, tout au long de la saison, sur le banc de touche avec sept petites titularisations au compteur. C'est à l'été 2013 que les planètes finissent par s'aligner, et définitivement cette fois. Advocaat remercié, Cocu revient au PSV et choisit Memphis comme fer de lance de sa formation. Titulaire (enfin) incontesté, bien intégré dans le vestiaire car moins tourmenté depuis que le travail avec son préparateur mental porte ses fruits, il bénéficie de surcroît d'une première sélection en équipe nationale, appelé par Louis van Gaal, à l'occasion des deux derniers matches qualificatifs en vue de la Coupe du monde 2014. Memphis n'en bougera plus, porté par d'excellentes performances en club et des buts à la pelle (36 buts en championnat lors des saisons 2013-2014 et 2014-2015) qui provoquent logiquement l'intérêt des plus grands clubs européens. Le Paris Saint-Germain, un temps positionné sur le Batave, est finalement doublé par Manchester United, et ce pour une raison simple : l'entraîneur est celui qui a installé Memphis en équipe nationale, Louis van Gaal. Plusieurs jours de tractations et un chèque de 30 millions d'euros plus tard, Memphis débarque à United auréolé d'un statut de future star. Tout y contribue : ses tatouages, son style vestimentaire, son goût affirmé pour le rap et les très jolies voitures, autant d'occasions rêvées pour que la presse people, et ses célèbres tabloïds, se déchaîne. Les journalistes sportifs, eux, n'auront guère l'occasion de noircir leurs pages des exploits du Batave. Car Memphis à Man U., c'est un échec, cuisant même. Ni Van Gaal, ni José Mourinho, qui arrive la saison suivante, ne lui octroient un statut de titulaire. Et comme de son côté le joueur est pétri de certitudes, ça n'arrange rien. Témoins ces propos accordés, alors qu'il est en Angleterre, au magazine néerlandais *Voetbal International* : « Je joue quasiment à l'intuition. Bien sûr, je réfléchis à ce que je dois faire, mas la façon dont je le fais, ça vient sans plan précis. J'ai un jeu à risques. Parfois, je perds le ballon, mais je pense que je dois toujours jouer de cette façon. Parce que je fais des choses auxquelles les autres ne s'attendent pas. Je ne cherche pas du tout à paraître arrogant. Je sais simplement ce que je veux et je sais que je peux y arriver. Je sais que le chemin est très long. Il faut avoir un objectif dans la vie ? Et bien c'est le mien : je veux être le meilleur. »

Il ne l'est pas. Loin de là. Et si ses entraîneurs, quels qu'ils soient, n'ont aucun problème majeur avec lui, ni ses partenaires d'ailleurs, le style Depay amuse, étonne, mais ne convainc pas. Wayne Rooney, star de Manchester United justement, n'a toujours pas oublié le côté face de Memphis, celui du vestiaire. « Une fois, il avait fait un mauvais match face à Stoke City et commis une erreur qui avait provoqué un but. Louis van Gaal l'avait aussitôt fait jouer avec la réserve. Je lui ai dit : "Écoute, c'est un peu difficile pour toi en ce moment. Ne viens pas avec tous tes trucs bling-bling." Et il est venu au match de la réserve en Rolls Royce, vêtu d'une veste en cuir et d'un chapeau de cow-boy. Je me suis demandé pourquoi il faisait ça. Mais Memphis est quelqu'un de charmant. » José Mourinho, qui le contraindra à rejoindre l'Olympique lyonnais après dix-huit mois à United, n'aura à son encontre que de touchants propos, ce qui est rare chez le Portugais. « C'est un très bon professionnel. Les gens peuvent le regarder et penser que c'est un fêtard, mais c'est un bon professionnel. Parfois, les joueurs vont trop tôt dans les plus grands clubs où ils ne sont pas prêts à faire face, et ils comprennent que dans les plus grands clubs, il y a une compétition interne et vous ne pouvez pas jouer tout le temps. Il y a des joueurs fantastiques avec qui se battre avec vous pour une place. Ils perdent un peu le sens des réalités et deviennent un peu enfantins. »

Propos prémonitoires quand on connaît, depuis, les choix de carrière de Memphis Depay. L'homme, au fil du temps, s'est assagi, apaisé, tentant même de comprendre le choix de son père en effectuant un périple sur ses terres au Ghana. Ne voulant plus ressasser le passé, qui bousille sans quotidien, et préférant tirer un trait sur ce qui l'encombre. « À Manchester, durant un certain temps, j'ai perdu le feu sacré. Après l'entraînement, je rentrais chez moi et je ne voulais voir personne. C'était une période très dure mentalement. Et ça s'empirait de jour en jour. Vu de dehors j'avais une belle vie : je faisais partie d'un des plus grands clubs du monde, je vivais dans une maison magnifique avec piscine, je roulais en Rolls Royce... Mais pourtant j'étais totalement dépité. Pour la première fois de ma vie j'avais perdu la joie de jouer. La plus belle chose dans ma vie, le foot, m'a donné un sentiment terrible de tristesse. Maintenant je sais quel était le vrai problème. Non seulement je m'étais perdu, mais j'avais aussi négligé ma croyance en Dieu. C'était la vraie raison de mon sentiment de solitude à Manchester. Tu ne peux pas surmonter ce qu'il s'est passé quand tu gères tes problèmes seulement à travers ton propre prisme. » Il accepte alors, enfin, de redescendre d'un cran dans la hiérarchie du gotha européen en signant à l'Olympique lyonnais au tout début de l'année 2017. Choix judicieux et indéniable réussite sportive avec 76 buts inscrits en 178 rencontres officielles et un statut, ferme et définitif, de joueur rare, talentueux, capable d'inverser le cours d'une rencontre sur un seul geste. Choix judicieux et indéniable réussite sur le plan humain car comme il en conviendra récemment, débarquer en France après une expérience ratée en Angleterre a changé la vie de Depay. « J'avais à peine 23 ans quand je suis arrivé. J'ai changé, j'ai grandi. Ici, je suis devenu un homme. Quand je me retourne, je trouve que c'est beau à voir. Je me suis bâti des souvenirs pour longtemps, des amitiés, aussi. J'ai passé des moments magnifiques ici. J'ai joué en Ligue des champions, je suis devenu capitaine, un meilleur joueur, et un joueur plus complet. Ce sera dans mon cœur, une partie de ma vie. » Sa vie qui se déroule désormais en Espagne, dans l'un des plus grands clubs du monde : le Football Club de Barcelone. La consécration est certes tardive, mais comment ne pas la juger avec le plus grand des respects quand on sait d'où il vient. Champion du monde au Qatar, ou pas, Memphis l'a déjà été en affrontant le cours de sa vie.

PAULO DYBALA, TOUTE COMPARAISON CESSANTE

Telle est l'histoire de sa vie, injuste et encombrante, renvoyée en pleine face depuis ses débuts. Avec une comparaison constante, parfois malvenue, qui aurait même pu bousiller sa carrière de prodige supposé. On parle ici d'un bijou (La Joya), ou d'une perle, surnoms attribués par un journaliste argentin alors que le joueur n'avait encore rien prouvé. Ni au monde, ni à lui-même, et encore moins aux Argentins, en quête, hier comme aujourd'hui, du digne successeur de Diego Maradona. Capable, à lui-seul ou avec les siens, de rapporter la Coupe du monde à Buenos Aires.

Diego Maradona, Lionel Messi, Paulo Dybala, ne cherchez plus l'intrus, vous l'avez trouvé. Coupable, tout au plus, d'être né à une mauvaise époque, lorsque El Pibe de Oro s'apprêtait à quitter les pelouses et la Pulga à y pénétrer. C'était au mois de novembre 1993, le 15, dans la province de Córdoba avec, bien entendu, une aptitude naturelle à bien orienter le cuir. Dix ans, et pas un de plus, pour que la famille Dybala en prenne la mesure et l'inscrive à l'Instituto de Cordoba, club majeur de la ville que Paulo rejoint après cinquante kilomètres de route. Pour que son père, dont est si proche le jeune Dybala, ne passe pas son temps libre sur la route, une solution est étudiée : le petit gaucher doué quitterait son village de Laguna Larga pour s'installer au centre de formation. C'est un coup de pouce du destin, tragique, qui accélère les choses en 2008, lorsque Adolfo Dybala décède des suites d'un cancer des intestins. « Avant, le foot n'était qu'un jeu, a maintes fois répété Dybala junior, puis c'est devenu un objectif, je voulais devenir pro car le rêve de mon père était d'avoir un fils footballeur. Mes frères n'ont pas réussi, alors je devais le faire, c'était une obligation. »

En dépit de quelques doutes sur son envie de réussir, et des semaines à pleurer l'être disparu, Paulo rejoint la pension de l'Instituto de Cordoba et reçoit un premier surnom, qui restera, « El pibe de la pensión ». Place, ensuite, aux premiers faits d'arme, qui ne laissent pas insensible l'Argentine du football. Lors de la saison 2011-2012, alors que Messi défraie déjà la chronique à Barcelone avec 73 buts inscrits, dont 50 dans le championnat espagnol, Paulo Dybala, phénomène en herbe, provoque le buzz et l'intérêt des médias nationaux qui accourent depuis tout le pays. Non pas parce qu'il a signé son tout premier contrat pro, quelques mois plus tôt, dans un club qui, on le souligne, végète en seconde division. Non pas en raison de ses premières statistiques, flatteuses, avec 17 buts qui ont un temps permis à l'Instituto Cordoba de croire à l'accession en première division. Non, rien de tout ça, mais parce qu'à 18 ans seulement, sa patte gauche, comme ses deux illustres prédécesseurs, est un savant mélange de dextérité et de précision. Et qu'au même titre que Maradona et Messi, il est pétri de talent, décisif au milieu de terrain, et qu'il vient tout juste de faire tomber différents records. À peine majeur, Dybala efface des tablettes le légendaire attaquant Mario Kempes, héros de la Coupe du monde 1978, en devenant le plus jeune buteur de l'histoire de Cordoba. Il est également le premier, en Argentine cette fois, à réaliser deux triplés au cours d'un même exercice et le premier à marquer lors de six matches consécutifs. Et pour conclure, le premier, aussi jeune, à disputer 38 rencontres d'affilée sans jamais être sorti par son entraîneur, ni être blessé.

À coup de comparaisons flatteuses, et d'éloges, pas toujours justifiés, Dybala s'impose vite à la une de nombreux magazines et bouscule les programmes des émissions sportives. Pour s'en convaincre, et mesurer à quel point l'attente est grande, les propos de Leandro Cargo, ancien attaché de presse du club de Cordóba sont éloquents : « On lui en demandait beaucoup alors que Dybala était encore un jeune joueur. Un jour, avant un match, je me souviens qu'il avait dû éteindre son téléphone parce que la presse l'appelait toute la journée et qu'il ne pouvait pas se reposer. Une autre fois, lors d'un match de championnat de seconde division, il a marqué un triplé et en sortant du stade, les gens me disaient tous que Paulo avait un grand avenir devant lui. À l'Instituto, c'était une idole au même niveau que Mario Kempes, deux autres joueurs formés au club qui ont percé en Europe. Dybala, lui, sans avoir encore prouvé quoi que ce soit, avait déjà sa peinture murale au stade » (*France Football*, novembre 2017).

L'Argentine demeure convaincue de détenir sa nouvelle star, qui, risque rare et insensé, accepte de rejoindre l'Europe après douze mois, seulement, en seconde division argentine. Au printemps 2012, alors que l'Inter Milan commence à manifester un réel intérêt, le président du club italien de Palerme, Maurizio Zamparini, casse sa tirelire et appose sa signature sur un chèque de 12 millions d'euros. Périlleux lorsqu'on sait qu'il n'a jamais vu le milieu de terrain à l'œuvre, mais seulement sur vidéos, envoyées depuis l'Argentine par le recruteur du club sicilien en Amérique du Sud. Luca Cattani, l'homme en question, a dévoilé les coulisses du coup de foudre au quotidien italien *Il Corrierre Dello Sport* : « Je me trouvais à Cordóba afin de finaliser pour le compte de Palerme le transfert de Franco Vázquez en août 2011. Un soir, les dirigeants de son club d'origine ont organisé un repas. Je me trouvais alors en face du président de l'Instituto Cordóba, l'autre équipe de la ville, qui m'a dit : “Dans mes jeunes, j'ai un joueur encore plus fort que Vásquez.” Un an plus tard, Dybala rejoignait l'Italie. »

Un milieu de terrain argentin de talent dans le Calcio, le parallèle est tout trouvé. Dybala est donc le nouveau Maradona et comme ça ne suffit sans doute pas, Zamparini, l'excentrique propriétaire du club de Palerme, lui trouve quelques similitudes avec l'attaquant Sergio Agüero, dit Kun, qui ne joue pourtant pas au même poste que lui. « Je compte le garder encore un an et demi ici afin qu'il puisse faire voir au monde entier ce qu'il sait faire. Les supporters doivent commencer à s'inquiéter dans deux ans, à moins qu'un partenaire arrive avec des millions et que je puisse le conserver. »

À peine arrivé en Sicile, attendu comme un futur grand alors qu'il est à peine majeur, le *picciriddu*, le petit garçon en Sicilien, ne confirme en rien les immenses espoirs. On frôle même la catastrophe industrielle avec 3 petits buts, seulement, en 27 rencontres disputées, et une relégation en Serie B, la seconde division italienne. À peine mieux lors de l'exercice suivant avec 5 buts inscrits en 28 rencontres. Il faut en réalité attendre 2014-2015 pour que « la Joya » justifie enfin son surnom et mette tout le monde d'accord. Des prestations remarquées, 13 buts au compteur, une saison aboutie et l'intérêt des plus grands, dont la Juventus Turin, qui rêve de l'enrôler. Le président de Palerme ne laisse surtout pas filer l'occasion. « Pour acheter Dybala, ma demande commence à 40 millions d'euros, et après on verra. Son agent pense à son futur et à lui trouver un club où il va pouvoir mûrir pour les trois ou quatre prochaines années. Quand je vois Pastore et Dybala, deux joueurs passés par Palerme, je vois des surdoués. Les grands clubs ne peuvent pas prendre le risque de faire jouer des jeunes, ils doivent prendre des joueurs déjà formés. Et les acheter. »

C'est chose faite contre un chèque de 41 millions d'euros. Face aux médias, l'Argentin tente, comme il le peut, de dédramatiser le montant investi. « Lorsque je suis arrivé en Italie, tout le monde parlait de mon prix d'achat. Avec le temps, j'ai pu faire voir que je pouvais répéter mes performances argentines. Ce sera la même chose maintenant. Certains diront que la Juve m'a payé trop cher, mais je chercherai tranquillement à rendre la confiance qui m'a été attribuée. J'ai fait ce choix parce que je sais que je peux jouer à la Juve, je veux lutter comme j'ai toujours fait pour gagner ma place. »

Lutter pour gagner sa place, Dybala s'y emploie. Et parvient à le faire, sans aucune difficulté. Accumulant, entre autres, les buts, plus de 100 dans le Calcio depuis son arrivée dans le Piémont, des trophées collectifs et des récompenses individuelles. Quatre titres consécutifs de champion d'Italie, entre 2016 et 2020, quatre Coupes d'Italie, une Supercoupe et une finale de Ligue des champions, toutefois perdue face au Real Madrid de Cristiano Ronaldo et de l'entraîneur Zinédine Zidane… Dybala s'est imposé comme l'un des grands noms du football mondial. Sans discussion, mais pas sans débat, car malgré le temps qui passe, l'Argentin ne se débarrasse pas des comparaisons. À Palerme, ce fut avec Sergio Agüero. À Turin, à peine débarqué, avec Alessandro Del Piero, légende du club et dépositaire du jeu plusieurs années durant. À tel point que son entraîneur, Massimiliano Allegri, tape rapidement du poing sur la table. « Arrêtez avec ça, Dybala n'est pas le nouveau Del Piero, ils ont des caractéristiques différentes. Paulo est la colle entre le milieu de terrain et l'attaque. Il est différent de Del Piero. Paulo est un joueur intelligent qui a des objectifs clairs. Il doit suivre sa propre voie. »

En Argentine, Maradona disparu des terrains, et même disparu tout court au mois de novembre 2020, c'est désormais à Messi qu'on ne cesse d'associer l'enfant de Cordóba. Dybala est moins ceci, moins cela, incapable d'évoluer au même niveau que la Pulga, comme si son jeu en dépendait. Un ancien grand nom du football international, le Danois Michael Laudrup, passé lui aussi par la Juventus Turin, s'est fendu d'une mise au point salutaire en 2018 : « Dybala est un talent, un vrai même, mais malheureusement pour lui, il est Argentin. Les gens le voient comme un nouveau Messi, mais non il n'y a pas de nouveau Messi. Je ne le verrai d'ailleurs pas dans ma vie. Un joueur comme celui-là n'est pas né tous les 10 ou 15 ans. Peut-être que nous devrons attendre 25, 30 ou même 50 ans pour en voir un. Dybala lui ressemble, c'est vrai : Argentin, gaucher, pas trop grand, avec de beaux mouvements, mais la comparaison ne lui sert vraiment à rien. Il a du talent Dybala, et même beaucoup, mais ce n'est pas Messi. »

Il ne le sera même jamais, conclusion inévitable d'un débat qui n'en est pas un. Problème, ou simple maladresse due à la répétition des questions, Dybala s'est une fois aventuré à évoquer le cas Lionel Messi. Non pas pour louer ses qualités, ce qu'il fit à de très nombreuses reprises (« Pour les jeunes joueurs argentins, Messi est LE point de référence. Nous avions Diego, nous avons Leo et nous nous plaignons ? Nous critiquons Messi, nous sommes fous ») mais pour sous-entendre la difficulté d'évoluer à ses côtés en équipe nationale argentine : « C'est difficile pour moi de jouer avec lui. »

Ces quelques mots provoquent aussitôt un séisme en Argentine, des milliers de supporters déversant leurs critiques, et parfois leur haine, à l'encontre du « prétentieux » Dybala. Messi, avec classe, éteint la polémique quelques mois plus tard, expliquant à quel point Dybala a raison d'insister sur un problème de positionnement des deux joueurs. La mise au point n'efface pas l'essentiel : ce malaise qui dure depuis quinze ans et qui n'autorise jamais Dybala à évoluer sans de fatigantes comparaisons. « Des gens ont voulu interpréter mon propos avec une mauvaise intention. Je n'ai jamais essayé de critiquer un partenaire, je voulais juste améliorer quelque chose qui se passait. J'aurais aimé donner plus à l'Argentine et obtenir de meilleurs résultats en groupe et au niveau personnel. Même moi, j'ai parlé avec Leo, parce que nous sommes tous les deux très similaires sur le plan tactique. » La prochaine Coupe du monde au Qatar offrira aux deux hommes une nouvelle occasion de se retrouver. Et d'échanger. Mais pour jouer d'égal à égal, Dybala devra repasser. L'histoire de sa vie, on vous dit.

EDEN HAZARD, LE TEMPS LUI EST COMPTÉ

Vraiment pas un bastion du football, ni même une terre d'exploits. Trop éphémère pour que les plus anciens s'en souviennent et sans (aucun) doute tombé trop bas pour que les générations actuelles s'y intéressent. Bienvenue à Tubize, région wallonne en plein centre de la Belgique, 25 000 habitants à qui le ballon rond, et son club de l'Association Football Clubs, n'a jamais rien offert de reluisant. Une saison seulement, en première division, en 2008-2009, puis une relégation et l'oubli, à tel point que la Royale Union Tubize-Braine, son nouveau nom, évolue désormais au quatrième échelon national, en division 2 ACFF.

C'est pourtant ici, et nulle part ailleurs, que l'un des plus grands joueurs belges de l'histoire a débuté. Le classement reste ouvert, bien entendu, et même discutable, mais Eden Hazard a depuis bien longtemps rejoint Michel Preud'homme, Jean-Marie Pfaff, pour les gardiens, Paul Van Himst, Kevin De Bruyne ou encore Enzo Scifo, kyrielle de grands talents du plat pays. Outre leur aisance balle au pied, tous ont également en commun leur précocité. Et bien avant que son visage orne les murs du centre d'entraînement de Tubize, en compagnie de son frère Thorgan, celle du jeune Eden a vite sidéré Braine-le-Comte, la ville de Tubize et toute la région. Une maestria si évidente, si marquante, que les parents des autres jeunes, susceptibles de devenir ou non professionnels, ne parlaient déjà que de lui et de ses premiers exploits.

Ceux d'Eden Hazard, justement, ont su gérer l'ascension au début des années 2000. Et pour cause, le ballon est une affaire de famille. Le père Thierry, semi-professionnel, a ainsi évolué en seconde division en qualité de milieu défensif au club de La Louvière, avant d'embrasser une carrière de professeur de sport. La mère, Carine, enseignante de sport également, a tâté du cuir pendant six ans en première divisons belge féminine, y rencontrant son mari, qui venait la voir jouer, avant de donner naissance au jeune Eden au début du mois de janvier 1991. Eux, comme tant d'autres, savent bien que les recruteurs belges s'intéressent déjà au premier de leurs quatre enfants (Eden, Thorgan, Kylian, Ethan). Après quelques tournois, dès l'âge de 9 ans, et une facilité déconcertante à éliminer l'adversaire, l'institution belge de référence, le Royal Sporting Club Anderlecht, se met en chasse d'attirer le prodige. Ce qu'Eden Hazard confirme, bien des années plus tard : « Les dirigeants d'Anderlecht me suivaient alors que je n'avais que 8 ou 9 ans. Mais le programme était conséquent avec trois entraînements par semaine à Bruxelles. Ce n'était pas évident à combiner avec les obligations scolaires et comme l'école a toujours été une priorité pour mes parents, c'était impossible d'y aller. À cette époque, ils ne pouvaient pas imaginer que je deviendrais un joueur professionnel » (*Campo de Estrellas*, Real Madrid TV).

Changement de cap, et de pays, dans les mois qui suivent, au cours d'un énième tournoi organisé à domicile, cette fois, à Tubize. Le Lille Olympique Sporting Club y a dépêche un scout, chargé, comme dans tous les clubs bien structurés, de dénicher les perles de demain. Eden Hazard, en quelques minutes, bluffe la cellule recrutement du LOSC, dont le directeur de l'époque, et il n'en faut guère plus pour que Jean-Michel Vandamme, reçoive aussitôt un appel sur son téléphone portable. « Mon équipe était en effet allée sur un tournoi et on m'a rapidement signalé qu'il y avait un jeune très intéressant. Je suis tombé sous le charme. J'ai connu des jeunes talents toute ma vie mais là, je me suis dis qu'on tenait un joueur qui pouvait devenir exceptionnel. Mon seul souci, c'était de lui faire signer son premier contrat aspirant car je savais qu'on pouvait être dépassé par d'autres clubs rapidement. Par la suite, je lui ai demandé de me raconter ses objectifs et il m'a répondu qu'il voulait jouer au football et donner du bonheur aux gens : "Je veux que les gens prennent du plaisir à me voir jouer." Il m'a aussi dit qu'il aimait beaucoup le club, et que s'il pouvait gagner un petit titre avec le club, il serait heureux et qu'il partirait sans doute à l'étranger après avoir accompli une partie de ses rêves avec le LOSC. C'est sans doute le joueur le plus complet et le plus talentueux que j'aie pu avoir dans le centre de formation. Eden Hazard, c'est le talent pur » (*Téléfoot*, février 2020). La force du LOSC, et de Jean-Claude Vandamme, bien au-delà du coup d'œil et de la détection, est de ne pas mettre de pression, sur les parents, et encore moins sur l'adolescent. Car si Eden Hazard effectue bel et bien son entrée au centre de formation lillois en 2005, à l'âge de 14 ans, il a déjà effectué bon nombre d'allers et retours en France. « J'ai vraiment eu de la chance car je suis tout d'abord tombé sur une famille équilibrée et des parents qui n'ont jamais parlé d'argent, poursuit Vandamme. Ensuite, Eden m'a décrit étape par étape ce qui allait se passer pour lui. Je me suis dit : “Soit il est fou, soit c'est un génie.” Et tout s'est réalisé. »

Au programme, dans un premier temps, et pour respecter la consigne des parents, les études, puis les entraînements et les matches. En France, non loin de sa famille, et juste avant que le talent pur impose sa loi avec une toute première convocation chez les professionnels à 16 ans, 10 mois et 17 jours contre l'Association sportive Nancy-Lorraine. La saison 2007-2008 d'Eden Hazard n'est qu'un simple galop d'essai avec quatre apparitions dans l'élite. Toutes autres choses sont, en 2008-2009, un premier but (contre l'AJ Auxerre), un second, sublime de dextérité et de toucher, face à l'Association sportive de Saint-Etienne et 90 minutes marquantes un soir de mars 2009 en huitième de finale de la Coupe de France face à l'Olympique lyonnais. Deux passes décisives, un but, le Belge s'affiche en quatre par trois devant la France du foot, interloquée par l'insolence d'un tel talent. Presque logique, dès lors, que la suite ne souffre aucune contrariété et que le milieu de terrain belge s'affirme comme l'un des vrais talents du championnat. Plus de 40 matches par saison, lors de ses trois derniers exercices au LOSC, 20 buts marqués en 2011-2012 pour un doublé Coupe de France-Championnat à jamais inscrit dans l'histoire du club nordiste. Cerise sur le gâteau, Hazard a même droit à un compliment rare, et donc exceptionnel, du peu loquace Zinédine Zidane en 2010, alors interrogé sur les footballeurs d'avenir, par le quotidien espagnol *Marca* : « Eden est très rapide, très habile et peut devenir un grand footballeur. Il est très bon et va l'être encore plus. C'est le crack du futur. Je l'engagerais au Real les yeux fermés. » Pour finir de résumer cette si belle aventure lilloise, rapportons une anecdote dévoilée par l'un de ses anciens partenaires, le milieu de terrain Rio Mavuba, lors d'une émission diffusée sur SFR Sports : « On était assurés de finir troisièmes et on recevait Nancy le lendemain. C'était le dernier match d'Eden Hazard au LOSC, il avait voulu organiser un petit truc. On a donc décidé d'aller boire un petit coup. Mais le petit coup en question, il tarde, il tarde. On avait rendez-vous le lendemain matin dans un hôtel à 10 heures. À l'hôtel justement, Marko Basa ouvre une porte et dit : "Mais qu'est-ce que tu fous là comme ça toi ?" J'avais pas vu, mais il parlait à Eden. Eden lui répond : "Je n'ai pas eu le temps de rentrer chez moi." Eden était encore bourré. Le soir on affronte Nancy. Après même pas 30 minutes de jeu, Eden avait déjà collé un triplé. Le gars n'avait même pas dormi, il avait bu toute la nuit et a claqué un triplé en 30 minutes. On s'est tous regardés, on s'est dit qu'il était vraiment chaud. »

Au printemps 2012, contre un chèque de 40 millions d'euros versé au LOSC, le club anglais de Chelsea obtient la signature d'Eden Hazard. Trajectoire logique eu égard au statut du joueur, mais indécision auparavant face au choix entre les deux clubs de Manchester, United et City. Il faut, comme il l'avouera lui-même aux médias, la victoire en Ligue des champions cette saison-là des Blues, ainsi que les conseils répétés de l'un de ses partenaires à Lille, l'Anglais Joe Cole, pour que le Belge donne son accord au propriétaire russe des Blues, Roman Abramovitch. De l'autre côté de la Manche, Hazard est attendu, telle une star, avec un salaire digne de ce nom (plus de 6 millions d'euros annuels hors contrats publicitaires), susceptibles de garnir la salle à trophées. C'est le cas pour sa première saison avec une Ligue Europa et 9 buts marqués en Premier League. À titre individuel, c'est le cas au mois d'avril 2015 lorsque le Belge est élu meilleur joueur de l'année du championnat anglais, élu par ses pairs et couronné dans la presse par des internationaux Français totalement sous le charme lors d'un stage à Clairefontaine avant d'affronter les Belges en match amical. Hazard Superstar, ça ne surprend vraiment personne. Olivier Giroud (Arsenal) relate « une saison exceptionnelle » : « Meilleur joueur en Angleterre, il le mérite totalement car il a porté Chelsea sur ses épaules pendant toute la saison et il a pris une autre dimension. » Moussa Sissoko (Newcastle) n'est quant à lui pas étonné par son niveau : « Quand il était en France, déjà, il avait prouvé qu'il était un très gros joueur. Il s'est vite adapté au jeu anglais et est devenu le joueur clé de Chelsea. Je ne suis pas surpris de le voir à ce niveau-là. » Raphaël Varane (Real Madrid), lui aussi, connaissait le potentiel d'Eden : « Il l'a confirmé à Chelsea. Il percute beaucoup, il est très vif. Son jeu est de plus en plus complet. Il fait partie des meilleurs joueurs du monde actuellement. » En 2015-2016, il décroche cette fois un titre de champion d'Angleterre et une Coupe nationale au terme d'une saison marquée par les blessures. Car ce qui deviendra par la suite un réel problème se dessine déjà de l'autre côté de la Manche avec une bonne vingtaine de matches manqués en raison de blessures récurrentes aux genoux, à la cuisse, à la cheville et aux adducteurs. Rien de rédhibitoire, toutefois, ni d'inquiétant pour la suite de sa carrière, puisque le Belge défraie la chronique à l'été 2019 en signant dans le club de ses rêves, le Real Madrid, pour un montant estimé au bout du compte à 130 millions d'euros ! À ce prix-là, l'attente est grande. Logiquement, et peu importe que l'on ait déjà tout vu, tout connu dans la capitale espagnole, avec Zidane, Ronaldo, Beckham, Cristiano Ronaldo et tant d'autres.

Hazard à Madrid, c'est à ce jour un rendez-vous raté, une présence continuelle à l'infirmerie. Et puisque l'on n'est jamais mieux trahi que par les siens, c'est le quotidien belge *Le Soir* qui s'attarde, dans ses colonnes, sur l'ampleur de l'échec, récapitulant les blessures et les jours d'absence du stratège depuis son arrivée au Real. Novembre 2019, face au Paris Saint-Germain en Ligue des champions, blessure à la cheville et 82 jours d'indisponibilité.

Février 2020, blessure au mollet droit : 73 jours d'indisponibilité. Juin 2020 : douleurs à la cheville droite, 12 jours d'indisponibilité. Septembre 2020 : douleurs à la cheville, 28 jours hors des terrains. Fin septembre, jambe droite : 26 jours d'arrêt. Novembre 2020, cuisse droite : 18 jours. Février 2021 : cuisse gauche et 38 jours. Le chiffre total est effarant : 215 jours d'indisponibilité depuis une arrivée en grande pompe dans la maison blanche au mois de juin 2019. Ancien international belge, ayant évolué à Anderlecht, Gilles De Bilde ne se montre pas tendre dans les colonnes du média flamand *Het Laatste Nieuws* : « Eden a passé toute sa carrière à compter sur le talent. Il n'a jamais travaillé. Puis vous allez dans le plus grand club du monde, vous êtes le transfert record de leur histoire, vous êtes censé remplacer Cristiano Ronaldo, et vous arrivez en surpoids, c'est Eden Hazard. Qu'Eden Hazard doive alors, après une blessure, combler le déficit pour suivre le niveau de ses équipiers au Real, bien sûr que ce n'est pas possible. Hazard n'a jamais appris à poser une base physique. » Et que dire des propos, pour le moins limites, de Jean-Marie Dedecker, ancien judoka belge devenu homme politique qui, dans une interview à *Krant van West-Vlaanderen*, détruit le joyau belge avec une rare violence : « Toutes ces pleurnicheries dans la presse à propos de lui… Hazard est juste un petit gros qui s'est engraissé. À cause de l'argent et du système. Je le vois encore s'enfuir quand Georges Leekens l'avait remplacé et qu'il était allé manger un hamburger aux abords du stade Roi Baudouin. De toute façon, les Diables rouges ne vont pas réussir au Qatar. Plusieurs joueurs sont au crépuscule de leur carrière. Kevin De Bruyne doit se battre une fois qu'il se retrouve sur le banc. Et c'est pareil pour Romelu Lukaku ou Dries Mertens. C'est une génération vieillissante. »

En Belgique, on le constate, le temps n'a pas (encore) pansé les plaies. Pas plus celles des supporters déçus que du principal concerné, désormais relégué au second plan, et sur le banc de touche, par le Real Madrid et son exigeant entraîneur, Carlo Ancelotti. L'enfant chéri de Tubize n'est plus l'attraction numéro un en Liga, bien au contraire. Les Merengue font sans lui, comme s'il n'existait plus, promis à un énième titre de champion d'Espagne. Eden Hazard, faute de certitudes sportives et physiques, sait en revanche que le temps lui est compté. Et qu'à 31 ans, il ne peut plus en perdre. John Bico, son ancien agent : « Il faut arrêter de parler à Eden comme s'il avait 12 ans, en le mettant face à ses responsabilités. Quand Mbappé n'est pas bon, Deschamps le sort, le dit et lui dit. Quand les gens parlent d'Eden, c'est mielleux. J'adore la façon dont Martinez fait jouer les Diables rouges mais quand il parle d'Eden, j'ai l'impression qu'il parle de la Vierge Marie ! On ne reprend pas la saison dans l'état dans lequel il était. Il faut lui dire les choses, personne ne le connaît mieux que moi et ceux qui ont tiré le plus de lui sont ceux qui l'ont mis face à ses responsabilités. Il faut arrêter de l'infantiliser. Eden a besoin de challenges. Les faits le prouvent » (*La Dernière Heure*, avril 2021).

Rien de tel que de hisser la Belgique au sommet du football mondial en guise de challenge. Quarts de finaliste en 2014, au Brésil, demi-finalistes et sortis par l'équipe de France quatre ans plus tard en Russie, les Diables rouges font, comme souvent, figure de candidat sérieux au titre. Eden Hazard, au sommet de son art et enfin débarrassé de ses soucis physiques, peut indéniablement contribuer au succès. Trop de talent, et pas encore assez de doutes, pour qu'il explose, une toute dernière fois, à la face du monde entier.

ROMELU LUKAKU, PHYSIQUE HORS NORME, TÊTE BIEN FAITE

À parcourir le déroulé de sa vie, la conclusion apparaît telle une évidence, ramenant le ballon rond à un loisir dérisoire, unique et rentable moyen d'expression trouvé en guise de revanche sur un destin cafardeux. Car Romelu Lukaku, qu'on ne s'y trompe pas, a déjà tout gagné.

Le respect, de lui-même et des autres. La gloire, la richesse et peu importe, au fond, que la prochaine Coupe du monde lui offre ou non la reconnaissance internationale qu'il mérite. Très tôt, le football fut pour le molosse belge une évidence. La pauvreté et le racisme, une épreuve, un obstacle. Frontal, quotidien, et scrupuleusement narré dans une tribune (*Player's Tribune*, mai 2018) écrite par Lukaku en personne pour que le monde s'imprègne de ses souffrances : « J'ai quelque chose à vous dire » était le titre de cet opus, qui passait outre la carrière du paternel, Roger Lukaku, joueur professionnel passé à Ostende, Seraing ou encore Gençlerbirliği, en Turquie, et international zaïrois avant que le Zaïre ne devienne la République démocratique du Congo. Lukaku Senior avait réussi, du moins le croyait-on, à une époque ou les carrières n'étaient pas synonymes de grosses rentrées financières. « Mon père avait en effet été footballeur pro, mais on n'avait plus d'argent. La première chose qui s'en est allée, c'est la télévision. Plus de football. Je rentrais chez moi le soir et les lumières étaient éteintes. Pas d'électricité pendant deux, trois semaines. Je voulais prendre un bain mais il n'y avait plus d'eau chaude. Ma mère chauffait de l'eau dans une bouilloire sur la gazinière, je me mettais debout dans la douche et je me versais de l'eau chaude sur la tête avec une tasse. Parfois, ma mère devait même « emprunter » du pain au boulanger. Le boulanger nous connaissait moi et mon petit frère donc il nous laissait emporter un pain le lundi et le payer le vendredi. Je savais qu'on avait des difficultés. Mais quand ma mère ajoutait de l'eau dans le lait, je réalisais que c'était pire. Nous n'avions plus assez d'argent pour avoir du lait pour toute la semaine. Nous étions fauchés. Pas seulement pauvres, totalement fauchés. Parfois, je rentrais de l'école et je trouvais ma mère en train de pleurer. Un jour, je lui ai dit : "Maman, les choses vont changer. Tu verras. Je jouerai bientôt au football pour Anderlecht. Nous serons bien. Tu n'auras plus à t'inquiéter." J'avais 6 ans et j'ai demandé à mon père : "À quel âge peut-on commencer à être joueur professionnel ?" Il m'a répondu : "16 ans." J'ai dit : "O.K., 16 ans donc." »

L'histoire est belle, dénuée d'eau de rose, car le miséreux tient parole. Et plus vite qu'on ne croit. Dès 2004, alors qu'il n'a que 11 ans, physique de déménageur et plusieurs centimètres de plus que tous ses petits camarades, l'adroit gaucher rejoint Lierse, dans la banlieue d'Anvers, là ou il est né. Son talent saute aux yeux, sa rage de vaincre impressionne. La centaine de buts inscrits dans les équipes de jeunes finit, quant à elle, de convaincre les recruteurs du pays, venus superviser le phénomène à diverses reprises. Ce n'est donc pas à 16 ans qu'il signe en faveur d'Anderlecht, club majeur du football belge, mais à 13. Et avec son petit frère, Jordan, un an de moins, défenseur, et également suivi depuis sa plus tendre enfance. Le tableau serait idyllique s'il ne souffrait pas du racisme et de la jalousie. On doute de tout, déjà la réussite inquiète, et les Lukaku père et fils sont accusés de mentir. Sur les origines de l'enfant et sur son âge. Trop costaud pour n'être qu'un adolescent, de trop grands pieds, pointure 44 pour un tel âge. De trop belles aptitudes, balle au pied et raquette à la main, dans tous les sports, pour que ce puisse être vrai. Une anecdote, une seule, suffit alors à traduire le soupçon. Elle se situe en 2007 et se déroule non loin de la frontière belge, à Lille, au siège du LOSC, qui compte dans ses rangs d'autres joueurs du même pays, Kevin Mirallas et Eden Hazard. Le club français, qui vient d'inaugurer son académie et son nouveau centre d'entraînement, cherche à recruter. Intéressés, les Lukaku partent donc rencontrer les responsables lillois et tout se passe pour le mieux, laissant même croire à un accord. Jusqu'au moment où il est demandé à Romelu de passer un test osseux censé révéler son âge exact ! La suite, c'est Jordan Lukaku qui la raconte : « Mon père s'est emporté, est parti furieux et n'a plus jamais voulu entendre parler du LOSC. Le test en question indiquait que Romelu avait 17 ans alors qu'il n'en avait que 14. De toute façon, tout le monde a toujours pensé qu'on avait trafiqué ses papiers. On avait beau dire qu'il était né en Belgique, les gens n'y croyaient toujours pas » (*Sport/Foot Magazine*).

L'âge est un problème, au même titre, d'ailleurs, que la couleur de peau, qui serait, paraît-il, synonyme de mensonge quant au lieu de naissance du joueur. Un comble... « Lorsque j'ai commencé à grandir, certains professeurs et certains parents me stressaient, poursuit Lukaku dans sa tribune. Je n'ai jamais oublié la première fois que que j'ai entendu un adulte dire : "Quel âge as-tu ? En quelle année es-tu né ?" Je me disais : "Quoi ? Ils sont sérieux ?" Lorsque que j'avais 11 ans, je jouais pour l'équipe des jeunes du Lierse, et l'un des parents de l'équipe adverse a littéralement tenté de m'empêcher d'entrer sur le terrain. Il disait : "Quel âge a ce gosse ? Où est sa carte d'identité ? D'où vient-il ?" Je me disais : "Comment ça d'où je viens ? Mais quoi ? Je suis né à Anvers. Je suis belge." »

Aussi stupéfiant que ça puisse paraître, il faut montrer un acte de naissance à chaque match pour que le malaise se dissipe. Et que Lukaku, conscient du monde qui l'entoure, concilie football et études. Au cas où, pour ne manquer de rien si le ballon rond ne se transformait pas en métier lucratif. En marge des entraînements quotidiens, 32 heures de cours par semaine l'amènent à décrocher un diplôme en relations publiques, obtenu en 2011, à l'âge de 18 ans. Un effort, un de plus, couronné de succès, qui traduit avant tout une tête bien faite et des principes immuables. Hors de question, pour le père, la mère et le fils, de tenter un énième pari sans avoir, au préalable, assuré son avenir avec un bagage en poche.

Entre-temps, le cas Lukaku a déjà éveillé la curiosité des médias belges. À tel point que le site internet de la *Dernière Heure*, au mois de mai 2009, lorsque le club d'Anderlecht joue le titre en fin de championnat, s'attarde presque exclusivement sur le cas du jeune joueur, qui signe enfin son contrat chez les Mauves. Extrait : « Aujourd'hui, le Sporting peut annoncer une excellente nouvelle. Son jeune joueur le plus convoité – Romelu Lukaku – signe enfin son contrat de trois ans. Ou plutôt : Anderlecht peut enfin envoyer les documents à la Fédération, puisque Lukaku fête ses 16 ans ce 13 mai. La saison prochaine, Lukaku fera partie du noyau A. Pour être le concurrent de De Sutter ou de Frutos ? Jean Kindermans, le responsable de l'école des jeunes, qui connaît bien Lukaku, relativise : "Romelu est un excellent joueur. Il est déjà très loin pour un garçon de 16 ans. Il a fait d'énormes progrès en trois ans, il a une grande envie d'apprendre. Mais de là à dire qu'il va devenir titulaire la saison prochaine ? Non. Il a encore beaucoup à apprendre. Que ce soit au niveau technique, tactique, physique, d'explosivité, de jeu de tête, il peut encore faire mieux." »

Lukaku tient en tout cas parole et c'est à 16 ans, comme promis à son père, qu'il entame une carrière professionnelle. À 17, il est sacré champion de Belgique avec Anderlecht, auréolé du titre de meilleur buteur de la Jupiler League, l'élite du foot belge. Au même âge, il refuse déjà les premières offres mirobolantes de clubs étrangers, Spurs de Tottenham, Blues de Chelsea, ou Espagnols du Real Madrid, tous éconduits par Lukaku Senior, qui laisse clairement entendre que son fils ne quittera pas le plat pays avant d'être diplômé : « Ce sont les plus grands clubs d'Europe qui l'ont approché, mais on a dit non. Je suis un homme de parole et j'ai promis à Anderlecht que mon fils signerait. » José Mourinho, alors entraîneur du club espagnol, félicite publiquement la démarche : « Lukaku a des parents intelligents. Son père a dit qu'il devait rester à Anderlecht afin de terminer ses études. C'est fantastique ! Trop de jeunes joueurs et leurs parents pensent seulement à l'argent. Il devrait y avoir plus de parents comme ceux de Lukaku. »

Paradoxe de l'histoire, Mourinho finit par retrouver Lukaku. Non pas au Real Madrid, mais à Chelsea, le club anglais investissant 20 millions d'euros sur celui qui a déjà été sélectionné en équipe nationale belge à tout juste 18 ans. La traversée de la Manche est pourtant un échec notoire. Douze matches disputés, toutes compétitions confondues, et pas le moindre but. À tel point que Roman Abramovictch, le propriétaire, donne son feu vert à l'été 2012 pour un prêt dans un autre club anglais. Ce sera à West Bromwich Albion pour une indéniable réussite, cette fois, avec 35 rencontres et la bagatelle de 17 buts, dont deux lors d'un mémorable duel face à Manchester United (5-5), lors de la toute dernière apparition d'Alex Ferguson sur le banc de touche des Red Devils. Convaincu de son choix initial, et bien décidé à s'imposer à Chelsea, désormais dirigé par José Mourinho, Lukaku revient à Londres avec de solides espoirs, rapidement déçus face à la concurrence, qui a pour noms Fernando Torres ou encore Samuel Eto'o. Direction Everton, donc, pour un second prêt et une seconde réussite phénoménale avec 16 buts pour le compte de l'autre club de Liverpool. L'impressionnante machine à marquer est alors lancée, et bien lancée, imperméable au doute, aux critiques, mais pas aux transferts records.

Everton, tombé en pâmoison devant le canonnier belge, débourse ainsi 35 millions d'euros pour obtenir définitivement ses faveurs. Résultat ? Soixante-seize buts en Premier League au cours de ses quatre saisons passées sur les bords de la Mersey. Manchester United, riche à souhait, sort le carnet de chèques et l'artillerie lourde à l'été 2017 en dépensant 10 millions d'euros pour faire évoluer Lukaku dans le théâtre des rêves. Résultat ? Deux saisons à MU et 42 buts toutes compétitions confondues en 96 matches. À l'été 2019, non content d'avoir accumulé les expériences, Lukaku prend cette fois la direction de l'Italie, à l'Inter Milan, qui débourse à son tour une somme monstre, 80 millions d'euros, pour que le colosse pèse sur les défenses du Calcio. L'histoire, on le sait, est un éternel recommencement, et en dépit de l'inexorable réussite du joueur sous le maillot des Nerazzurri, 53 buts en deux saison,

Lukaku est confronté au racisme lors d'un déplacement à Cagliari, où des cris de singe sont entendus dans le stade alors qu'il s'apprête à tirer un pénalty. Le lendemain même, il sort l'artillerie lourde sur les réseaux sociaux. « Beaucoup de joueurs ont souffert d'abus racistes ces derniers mois. J'en ai été victime hier soir. Le football est un jeu dont tout le monde doit profiter et nous ne devrions accepter aucune forme de discrimination qui pourrait faire honte à notre sport. J'espère que les fédérations de football du monde entier vont réagir fermement à tous les cas de discrimination. Les réseaux sociaux doivent mieux travailler, comme les clubs de football, parce que tous les jours on voit au moins un commentaire en dessous d'un post sur une personne de couleur. Nous le disons depuis des années et il n'y a toujours pas d'action. Mesdames et Messieurs nous sommes en 2019, au lieu d'aller de l'avant, nous reculons. Et j'espère que les joueurs s'uniront et prendront position sur ce sujet pour garder ce sport propre et agréable pour tous. » Le coup de gueule est salutaire. Trois mois plus tard, la première division italienne lance une campagne de mobilisation et de sensibilisation contre le racisme. Le club de Lukaku, l'Inter Milan, emboîte le pas et communique régulièrement sur le sujet au travers de sa propre campagne, baptisée « BrothersUniversallyUnited », et conscient du travail colossal qui reste à faire face à la bêtise de certains de ses supporters qui avaient publié un communiqué, au lendemain des cris de singe adressés à Lukaku. « Nous sommes vraiment désolés que tu penses que ce qui s'est passé à Cagliari était raciste. Tu dois comprendre que l'Italie n'est pas comme d'autres pays d'Europe du Nord où le racisme est un vrai problème. Nous comprenons que cela t'ait semblé raciste, mais ça ne l'était pas. En Italie, nous utilisons des manières de faire juste pour aider notre équipe et essayer de rendre nos adversaires nerveux, pas pour être raciste, mais pour les faire craquer. Nous sommes une organisation de fans multiethnique et nous accueillerons toujours bien les joueurs venant de partout. Peu importe, nous avons toujours utilisé cette façon contre d'autres joueurs d'autres équipes dans le passé et nous ferons de même probablement dans le futur. Nous ne sommes pas racistes et les supporters de Cagliari non plus. »

L'été dernier, en 2021, Lukaku change encore de club et retourne à ses premières amours, à Chelsea. Le Russe Roman Abramovitch, qui avait réalisé une plus-value en le vendant des années plus tôt à Everton, doit cette fois s'acquitter d'un montant estimé de 110 millions d'euros. Rarement, dans toute l'histoire du football, un joueur n'aura à lui seul affolé le mercato pour des montants aussi exorbitants. Romelu Lukaku, depuis ses débuts, ce sont ainsi 330 millions d'euros dépensés en l'espace de sept ans. Considérable ? Oui. Scandaleux ? Non, dans un univers où, saison après saison, mercato après mercato, tous les plus grands noms du football international sont payés des fortunes.

L'attaquant belge, à 28 ans, en est un. Parti de rien, arrivé à tout, sans que personne ne lui offre un quelconque satisfecit. Lukaku a tout vu, tout connu, tout obtenu. Toujours seul, à la face des autres. Il est désormais le meilleur buteur de l'histoire du football belge avec 65 buts claqués en 100 sélections. Son assiduité, en dehors du football, lui a valu un diplôme et la maîtrise parfaite de six langues.

Ce joueur, c'est aussi l'itinéraire hors norme d'un footballeur à qui la réussite ne semblait pas promise. Si d'aventure, dans les prochains mois, la biographie du joueur se nourrissait d'une ligne de plus au palmarès et d'une Coupe du monde décrochée au Qatar, la récompense n'en serait que plus belle. Mais pas essentielle. Car, une fois encore, Lukaku a déjà tout gagné.

HARRY KANE, L'OURAGAN EN MAL DE TITRES

Ils sont aujourd'hui 67 millions à être des sujets de Sa Gracieuse Majesté. Certains d'entre eux, pour les plus chanceux, sont parfois conviés à Buckingham Palace, lieu illustre de la monarchie anglaise, occupé par l'indéboulonnable reine Elizabeth II. Harry Kane, footballeur de profession, en connaît certains recoins, lui qui a été officiellement reçu par la reine et l'un de ses petits-fils, le prince William, au mois de mars 2019. Objet de la visite ? Un titre honorifique de membre de l'ordre de l'Empire britannique et une médaille pour services rendus à la nation. Quels services ? Le parcours de l'équipe nationale d'Angleterre lors de la Coupe du monde 2018 en Russie, avec une accession en demi-finale, et les six buts inscrits par lui, avant-centre, meilleur réalisateur de la compétition à qui rien, vraiment rien, ne prédisait une telle ascension.

La réussite, les honneurs, on en est loin, et même à des années-lumière, à la toute fin des années 1990 dans la banlieue nord de Londres. Pas le moindre talent affiché, des aptitudes inexistantes, un club de foot banal, Ridgeway Rovers, vaguement sorti de l'anonymat pour avoir vu passer le milieu de terrain David Beckham des années plus tôt. Le jeune Harry Kane, lui, promène son corps et ses doutes sur les terrains de la région sans que cela intéresse quiconque. Même lui, d'ailleurs, n'érige guère le football en priorité, au quotidien comme au futur, ne sachant pas à quel poste il souhaite évoluer, partagé qu'il est entre ses quelques arrêts dans les buts et ses rares appels en profondeur à la pointe de l'attaque. Autre souci, qui équivaut à une énième humiliation, le refus net et catégorique de l'académie qu'il souhaite rejoindre : celle des Gunners d'Arsenal, le club qu'il supporte depuis sa plus tendre enfance. L'explication est brève, et douloureuse : trop petit, joufflu, et « surtout pas très athlétique », apprend-on, bien des années plus tard, d'un ancien dirigeant d'Arsenal. « Il était en effet très loin d'être un athlète, reprend Tom Williams, journaliste anglais indépendant qui a suivi la carrière de l'actuel buteur des Spurs de Tottenham. Il n'a pas été gâté par des qualités physiques naturelles, mais sa force de travail, son mental, sont impressionnants. Il n'y avait pas de signe qu'il allait devenir aussi fort. Il est plutôt lent, rien ne saute aux yeux quand on le regarde jouer. Son parcours a surpris pas mal de monde. Il a fallu du temps pour que les gens en Angleterre prennent la mesure de ses qualités » (*Ouest-France*, juin 2018).

Il ne faut que deux ans à Kane pour surmonter plusieurs déceptions et balayer ses craintes. Le « petit » gardien de but a enfin compris : direction le cœur du jeu et la possibilité de se faire remarquer en s'installant au poste d'avant-centre. Un déménagement familial à quelques encablures du mythique stade de White Hart Lane, enceinte de Tottenham, lui permet de profiter d'un énième club de Londres, qu'il se met à suivre chaque week-end de match. Fini Arsenal, ses Gunners et ses cinglants recruteurs, le nouveau club de cœur tient en cinq lettres : Spurs. Qu'il finit même par rejoindre après avoir encaissé un second camouflet dans un autre club anglais, Watford, qui ne le retient pas après une période d'essai de deux mois.

Chez les Spurs, au gré des saisons et des différentes catégories d'âges, Kane s'épaissit, prend du poids, des centimètres et beaucoup de confiance. À tel point que ses statistiques personnelles, qui n'intéressent alors que lui, ont été publiées dans les journaux du monde entier : 22 buts en 32 matches avec l'équipe des mois de 18 ans, 10 en 16 rencontres avec les moins de 21 ans. De quoi, logiquement, vous propulser de l'ombre à la lumière, des petits stades désenchantés et crasseux des équipes réserves aux luxueuses enceintes de la Premier League, pleines à craquer. Logiquement, oui. Mais avec Harry Kane, non. Car en dépit de deux apparitions sur le banc de touche de l'équipe première, en 2009 à 16 ans, puis en 2010, celui dont les supporters ont tous déjà entendu parler n'entre jamais en cours de rencontre. Pire, le début de parcours se brise net face au choix de l'entraîneur charismatique des Spurs, Harry Redknapp, qui ne trouve rien de mieux que de l'envoyer dans un club modeste afin de s'aguerrir. Le purgatoire a pour nom Leyton Orient et pour cadre la League One, la troisième division anglaise ; 18 matches et 5 buts plus tard, retour à l'envoyeur, à Tottenham, avec un inaltérable constat : Kane ne peut prétendre à une place de titulaire.

Débutent, ou se poursuivent c'est selon, des mois de galère et autant de rejets persistants de son club formateur. Nouveau prêt, donc, en seconde division au club de Millwall, en début d'année 2011. Décisif, selon l'intéressé, et surtout formateur au sein d'une équipe qui joue chaque week-end pour sa survie. « Ce fut une expérience formidable pour moi, un grand tremplin. Je n'avais que 18 ans, j'ai tellement appris en peu de temps et cela m'a certainement aidé à grandir. Les gens jouaient pour gagner leur vie. Je n'oublierai jamais le soulagement sur le visage de tout le monde quand nous sommes restés debout. Cela m'a montré ce que le jeu pouvait signifier et que vous devez faire votre travail, sinon vous ne resterez pas longtemps dans le jeu. Être jeté là-dedans à 18 ans, c'était vraiment bien et c'est l'une des choses qui ont fait de moi ce que je suis aujourd'hui. » Suivent des allers et retours Londres-Norwich et Londres-Leicester, deux clubs dans lesquels Kane ne parvient pas à se défaire de cette pesante étiquette d'espoir non confirmé. Deux hommes, deux entraîneurs, changent alors le cours des choses : André Villas-Boas et Mauricio Pochettino. Le premier, bien connu en France pour avoir notamment entraîné l'Olympique de Marseille, est le premier technicien des Spurs à lui faire confiance. Enfin. Sous ses ordres, pas de prêt, mais dix-neuf apparitions et huit titularisations en 2013-2014, cinq ans après sa toute première dans le groupe pro. Un proverbe turc affirme que la patience est la clé de la joie, c'est sans doute vrai, car dans la foulée de Villas-Boas, viré pour manque de résultats à la tête des Spurs, Kane s'installe définitivement dans l'équipe de Mauricio Pochettino, l'actuel entraîneur du Paris Saint-Germain.

Entre l'Argentin et l'Anglais, le courant passe aussitôt. Les résultats suivent et les félicitations s'enchaînent. Lorsque tout va bien, ça donne ceci : « Harry est un grand joueur, un remarquable attaquant. Il est fantastique. Il peut réaliser tout ce qu'il souhaite, tout ce qu'il désire. C'est vraiment incroyable ce qu'il est capable de faire avec un tel enthousiasme. Il est toujours en train d'essayer de s'améliorer, de marquer des buts, d'aider l'équipe. Il pense toujours au collectif, c'est vraiment important que les gens s'en rendent compte. Il a marqué beaucoup de buts mais sa mentalité est d'aider l'équipe, de travailler pour elle et ça fait de lui un joueur spécial. Pas seulement un joueur talentueux qui marque des buts. » Et lorsque tout va mal, que les buts se font rares en raison d'un coup de pompe ou d'un manque de confiance devant le but, Pochettino ne désarme pas : « Je suis très surpris par les critiques envers Kane parce qu'il n'y avait aucune raison. Lorsque vous êtes déçus par le résultat, vous essayez de trouver une raison et un coupable. Harry était comme les autres joueurs. Quelques bonnes performances, d'autres mauvaises. Dans le football, vous avez besoin de partager la responsabilité. La responsabilité n'est pas sur un seul joueur. »

Le changement de statut d'Harry Kane est perceptible à l'attention qu'on lui porte. Il est dans les têtes, dans les cœurs, à la une des médias comme dans les chants des supporters. On lui trouve par ailleurs un nouveau surnom, Hurricane, l'ouragan qui emporte tout sur son passage, en 2014-2015, à l'occasion d'une saison sidérante en tous points : 31 buts marqués toutes compétitions confondues en 51 rencontres, brassard de capitaine chez les Spurs et, honneur suprême, première sélection en équipe nationale d'Angleterre. Leyton Orient, Milwall, les prêts sans relief, le temps de la lose est révolu, place au canonnier qui ne souffre d'aucune carence. En 2015-2016, ce sont 28 buts, 35 la saison suivante. Kane s'offre même un fabuleux record en 2017-2018, devenant le meilleur buteur de la planète en reléguant un certain Lionel Messi au second rang sur une année civile avec 56 buts en 54 matches. Il inscrit cette année-là son 100e but dans le championnat anglais, termine meilleur buteur de la Coupe du monde (six réalisations) et effectue son entrée dans le top dix du très courtisé classement du Ballon d'or. Les éloges affluent, forcément, et certaines considérations sortent du lot, comme celles de Gareth Southgate, le sélectionneur national anglais : « Harry Kane est aussi bon passeur que finisseur et l'a toujours été. Tant qu'il aura des joueurs qui courent autour de lui, qui prennent l'espace, Harry trouvera les bonnes passes. C'est un autre type d'attaquant que Lukaku, Giroud ou Mbappé. » Pour José Mourinho, passé sur le banc de touche de Tottenham, Harry Kane « est un joueur fantastique ». Et il ajoute : « Peut-être qu'il va aider à changer les regards sur ce qu'est un attaquant. La tendance est de juger un attaquant sur le nombre de buts qu'il marque – en gros, vous êtes aussi bon que le nombre de buts que vous marquez. Harry a prouvé qu'un attaquant pouvait être l'homme d'un match sans avoir inscrit le moindre but » (*So Foot*, novembre 2020). Antonio Conte, son entraîneur actuel en Angleterre, abonde dans le même sens : « Harry est aujourd'hui l'un des meilleurs attaquants au monde. Si je devais acheter un attaquant, je choisirais Kane. Il est complet, fort physiquement, avec et sans le ballon, il se bat, il est fort dans les airs et habile des deux pieds. »

Rien, depuis, n'est venu remettre en cause ce statut d'exception. Cette régularité à toute épreuve. Toujours à Tottenham, Kane ne termine pas un exercice à moins de 20 buts par saison. En équipe d'Angleterre, il est devenu le troisième meilleur réalisateur de l'histoire avec 48 buts en 67 sélections. Remarquable pour un simple féru de foot face à qui de nombreuses portes se sont refermées. Insuffisant, toutefois, pour l'athlète de haut niveau qu'il est devenu. Car, si à l'instar de Lionel Messi, Cristiano Ronaldo et consorts, la Coupe du monde au Qatar pourrait lui permettre de décrocher une première étoile, Kane demeure en manque cruel de palmarès. Une incongruité, une tache indélébile, puisqu'à 29 ans (en juillet 2022), l'Anglais n'a pas remporté le moindre titre collectif. Jamais il ne s'est adjugé le championnat d'Angleterre, ni une quelconque Coupe nationale. Jamais il ne s'est imposé en Ligue des champions, battu en finale par les Reds de Liverpool au printemps 2019. Jamais il ne s'est imposé sur le toit de l'Europe ou du monde avec les Three Lions, se contentant d'une finale, à domicile, perdue au Championnat d'Europa face à l'Italie. Il est donc (grand) temps que ça change et le joueur, en personne, l'a bien fait comprendre l'été dernier lorsque la rumeur d'un départ de Tottenham pour Manchester City s'est répandue comme une traînée de poudre et qu'il est même allé au bras de fer avec son club, repoussant la reprise de l'entraînement. « Je ne veux pas arriver à la fin de ma carrière et avoir des regrets. Je n'ai jamais dit que j'allais terminer ma carrière à Tottenham. Je n'ai jamais dit que j'allais partir non plus. Les gens pensent sûrement de la façon suivante : "Il veut gagner plein de trophées", mais je sens que j'ai encore presque une autre carrière à jouer. » À l'instar de nombreux observateurs, qu'ils soient joueurs ou entraîneurs, Anglais ou étrangers, l'ancien international, Teddy Sheringham, en a récemment remis une couche sur l'avenir du serial-buteur. Il doit faire ses valises. « Pour moi, c'est le meilleur numéro neuf au monde. Il l'est depuis quatre ou cinq ans. Il le prouve chaque année. C'est formidable qu'il soit là, qu'il reste au top et qu'il convainque les gens qu'il est le meilleur. Mais Kane a atteint un autre carrefour de sa carrière, où il se dit : "Qu'est-ce que je fais ? Je reste au club, ce qui peut être un défi, ou je vais dans un autre club où je sais qu'ils peuvent se battre pour des titres ?" Si je devais le conseiller, je lui dirais que s'il veut gagner des titres en Ligue des champions, en Premier League, ou FA Cup, il doit partir. »

Espérons pour le joufflu que sa future décision sera la bonne. Et que dans quelques mois, sous un nouveau maillot et au Qatar avec sa sélection, il emportera tout sur son passage…

ROBERT LEWANDOWSKI, L'ANTI-STAR

Pas le plus glamour, on en convient. Ni le plus médiatique. Il vient de Pologne et évolue en Allemagne, pays froids dans tous les sens du terme, se prénomme Robert et ne défraie strictement jamais la chronique extra-sportive, à des années-lumière d'illustres enfants gâtés. Pas gagné, forcément, au moment de s'attarder sur son histoire et de s'épancher sur son sort. Comme si cette ahurissante machine à buts, propre sur elle, droite dans ses bottes, ne méritait pas le détour ! Et puis l'envie de comprendre comment, et surtout pourquoi, elle était devenue, au fil du temps, un cas unique dans les annales du football international, qui troue les défenses et distribue les offrandes, chaque week-end de match, s'est imposée, aussi simplement que vous lisez ces lignes.

L'archétype de l'anti-star, Robert Lewandowski. Mais un parcours hors du commun, débuté sous le règne du calcul, ou de l'extravagance c'est selon, par des parents bien décidés à sécuriser l'avenir du fils avec le choix du prénom. On oublie donc, et vite, les standards polonais, Aleksander, Blazej, Grzegorz ou Piotr, et on inscrit Robert sur la fiche d'état civil afin, comme le veut la légende, que l'enfant, dès sa naissance en août 1988, porte un blase facile à orthographier, exportable à l'international et ne posant pas de problème. Pour le reste, à savoir l'enfance et l'adolescence, papa et maman Lewandowski s'occupent de tout. Encore. Pas obsédés par une future carrière, c'est trop tôt, mais disposés matin, midi et soir, à sortir de la norme. Le père, Krzysztof, en est l'incarnation, lui qui a dans le même temps embrassé une carrière de judoka, avec des titres nationaux, et de footballeur, évoluant en deuxième division polonaise. La mère, elle, Iwona, pratique le volley-ball, échelon national, dans l'un des nombreux clubs de Varsovie. La sœur aînée de Robert,

Milena – à qui on n'a pas pensé à attribuer un prénom exportable à l'international... –, s'adonne elle aussi au volley-ball, passant des centaines d'heures sur les terrains de volley pour, sait-on jamais, suivre le même chemin que sa mère. Et puisque les parents sont entre-temps devenus professeurs d'éducation physique, ils laissent naturellement le choix des activités à leur seconde progéniture. Cross-country, judo, athlétisme, volley, football, Robert ne privilégie rien, si ce n'est les déplacements à rallonge que son père, toujours, effectue chaque semaine en voiture ou en bus. « Je me souviens que Robert ne faisait que des courses de cross où il obtenait de très bons résultats, se rappelle Marek Siwecki, son tout premier entraîneur au Varsovia Varsovie. Nous avons eu beaucoup de discussions concernant les entraînements de foot et d'athlétisme. Les deux n'étaient pas possibles, car ça nuisait à son développement. Un jour il courait une course, le lendemain il jouait un match. C'était la même chose avec les matches. Parfois, il jouait deux matchs en un jour, l'un à Varsovie, et l'autre, pas tout à fait légalement, à Leszno » (*So Foot*, décembre 2019).

Il faut attendre le début des années 2000, et une inscription à un centre de sports interscolaire, le Varsovia Varsovie, pour que Lewandowski tâte plus fréquemment du cuir. L'endurance est là, l'appétit sportif et un début de technique également. Direction, à 16 ans, le Delta Varsovie, à trois quarts d'heure de route du domicile familial de Leszno. Un pari, mais pas que, puisque le club régional en question lui offre un début de salaire (300 euros par mois de l'époque) et une place de titulaire dans le championnat de quatrième division. Sept buts et une saison, pas exceptionnelle, plus tard, un drame familial ébranle tout : Krzysztof Lewandowski décède à 49 ans des suites d'un AVC pendant son sommeil. Robert perd un père, un confident, un gage indéfectible de confiance et de certitudes. Tout sauf un hasard, son corps le lâche et lui indique le chemin de l'infirmerie alors qu'il vient tout juste de rejoindre l'équipe réserve du plus grand club du pays, le Legia Varsovie. « Robert enfant a toujours été menu, mince, le plus petit du groupe, raconte Krzysztof Sikorski. Il était très maigre, ses jambes étaient comme des brindilles et j'avais toujours peur qu'il se blesse. Je voulais qu'il soit plus costaud et je lui avais même conseillé de faire une cure de bacon ! » (site de l'UEFA, avril 2013). À l'été 2006, déçu par un faible nombre de buts, et des blessures récurrentes, le Legia lui indique le chemin de la sortie. Affront personnel et seconde épreuve familiale que n'accepte pas, cette fois, Iwona Lewandowski. C'est elle, et personne d'autre, qui (re)motive son fils, joue les agents, décroche son téléphone et se rapproche des dirigeants du modeste club de troisième division polonaise, Znicz Pruszków. Pour moins de 1000 euros, et face à la persuasion de maman, l'affaire se boucle. Son fils peut alors débuter sa carrière à un rang très modeste (3e division) mais avec des statistiques qui ne laissent pas grand monde indifférent. Meilleur buteur de son championnat en 2006-2007, il récidive la saison suivante, mais cette fois en seconde division. La Pologne du foot lui fait alors les yeux doux, à commencer par le Legia Varsovie, qui hésite des semaines durant avant de rompre les discussions pour acheter un joueur espagnol qui ne marquera pas… un seul but. Le LKS Lodz, autre institution du foot en Pologne, fait de même, sans se départir d'une idée saugrenue : lui faire passer un essai. C'est finalement le Lech Poznań qui l'accueille pour la somme modique de 350 000 euros alors qu'il vient tout juste de fêter ses 20 ans. Tout en poursuivant ses études, ce qu'il fera jusqu'en 2017 avec une thèse présentée à l'Université de Varsovie et un diplôme officiellement remis, Lewandowski confirme à l'étage supérieur ce qu'il avait laissé entrevoir au plus bas échelon : plus de 40 buts en deux saisons, un titre de champion de Pologne, attendu par Poznań depuis dix-sept ans, une coupe nationale et la cour effrénée de grands clubs européens.

L'Allemagne – et sa Bundesliga – lui offre le point de chute tant désiré avec une signature au Borussia Dortmund pour plus de 4 millions d'euros. Lewandowski quitte son pays, et ses racines, avec le sentiment du devoir accompli. Fier d'en être arrivé là, reconnaissant envers ses proches, qui l'ont soutenu : « J'ai notamment un immense respect pour tout ce que ma mère a fait pour moi. Elle a dû être à la fois une mère et un père. Lorsque je n'ai pas été gardé par le Legia, elle a été si forte. Elle a dit : “OK, nous avons du boulot. Ça ne sert à rien de penser au passé, nous devons faire quelque chose.” » (The Players' Tribune). Une femme déterminante et forte qui, fort logiquement, détient les mêmes caractéristiques que celle qui partage désormais le quotidien du champion, Anna Stachurska, qui est tout sauf une inconnue en Pologne ; Anna a décroché d'innombrables médailles en karaté et détient notamment deux titres de championne d'Europe. Comme Robert, qu'elle rencontre lorsqu'il évolue au Znicz Pruszków, elle concilie sport et études à l'Université de Varsovie. C'est elle, en chef de tribu, qui va peu à peu convaincre son footballeur de mari de l'importance de la diététique et d'entretenir son corps. Résultat : pas une goutte d'alcool à la maison, des repas calibrés, des exercices quotidiens en marge des entraînements et une réputation solide pour Madame, qui va développer son propre business avec des livres et autant de DVD pour une vie saine.

Une fois en Allemagne, Lewandowski tombe également sur un entraîneur charismatique qui va modifier le cours de sa vie et de sa carrière, Jürgen Klopp. Les premiers mois sont difficiles entre les deux hommes, à tel point que le buteur imagine rejoindre la Premier League anglaise, et le club des Blackburn Rovers, avant, et ça ne s'invente pas, que l'éruption du volcan islandais Eyjafjöll bloque le trafic aérien plusieurs mois durant et rende impossible tout déplacement pour une visite médicale et une signature. Aujourd'hui à la tête de Liverpool, Jürgen Klopp n'a rien oublié du personnage Lewandowski. Jugez plutôt : « Le meilleur footballeur avec qui j'ai travaillé, c'est lui. C'est extraordinaire ce qu'il a su tirer de son potentiel. Il n'a pas sauté une seule étape pour devenir ce phénomène de buteur. Pas une seule. Il s'est immergé dans le jeu et sait quoi faire et où aller dans chaque situation. Lewandowski est une machine inégalée. Que ce soit lui ou Mats Hummels, avec qui j'ai également travaillé, ce sont deux joueurs fantastiques. Je dois être vraiment reconnaissant. Sans eux, ma carrière ne serait probablement pas la même. Nous avons tous bénéficié les uns des autres. Nous aurons toujours beaucoup de respect les uns pour les autres. Je les aime vraiment » (conférence de presse, février 2019).

La réciproque est vraie, tant Lewandowski n'a jamais manqué l'occasion de vanter les bienfaits de son ancien entraîneur. Qui, comme tant d'autres dans l'univers du football mondial, demeure aujourd'hui sidéré par les statistiques du joueur, que ce soit à Dortmund ou au Bayern Munich, qu'il rejoint libre en 2014. Robert Lewandowski, depuis la saison 2011, ce sont plus de 30 buts chaque saison, au minimum, et toutes compétitions confondues, et deux records à faire pâlir de jalousie les plus grandes stars de la planète : 80 buts inscrits en 100 matches de Ligue des champions et 43 marqués en une année (2021) en Bundesliga, le précédent record datant de 1972 avec un ancien attaquant du Bayern Munich, Gerd Müller. Lewandowski a accumulé les distinctions, individuelles ou collectives, et les titres, en Pologne, puis en Allemagne. Une machine inégalée à qui, comme le rappelle justement Klopp, il ne manque plus, en réalité, que deux trophées majeurs. Le premier, sur lequel il est normal de s'interroger, est le Ballon d'or, distinction suprême que le Polonais mérite amplement pour l'ensemble de son œuvre. Le second, sur lequel ses partenaires ont une part de responsabilité, a pour nom la Coupe du monde. Lewandowski, et depuis fort longtemps (2017), est devenu le meilleur buteur de l'histoire de la sélection avec 74 buts en 128 sélections. Au Qatar, dans le groupe de l'Argentine, du Mexique et de l'Arabie saoudite, son pays dispose des moyens nécessaires pour franchir le cap des poules et rejoindre les matches à élimination directe. Une obsession pour un pays tout entier, qui, rappelons-le, s'est déjà hissé à deux reprises sur le podium de la Coupe du monde, en 1974 et en 1982. Une simple envie, dénuée de pression, pour Lewandowski, qui, hier comme aujourd'hui, n'oublie pas l'essentiel : le souvenir de son père. « Il me manque, j'espère qu'il regarde mes matchs de là-haut. À chaque fois que je marque des buts importants, c'est pour lui. Et quand je fais du rab' à l'entraînement, je me le répète souvent : je le fais pour lui. C'est une bonne motivation. »

LUKA MODRIĆ, LE FOOTBALL EN GUISE D'EXUTOIRE

Il est des mots, des adjectifs, et sans doute des sentiments qu'il ne maîtrise pas. Indifférent à certains états, étranger au monde qui l'entoure. En aucun cas de l'arrogance, ni de la condescendance. Juste une vie, beaucoup trop rude, pour ne pas la bouffer à pleines dents. Une enfance, sacrifiée et immonde, pour ne pas en conserver des traces indélébiles.

Le footballeur croate Luka Modrić est en effet un survivant. De la folie des hommes, de la guerre et de ses bombardements. De l'horreur et d'une tuerie collective, orchestrée par une milice serbe en pleine guerre de l'ex-Yougoslavie, au tout début des années 1990. Son grand-père, simple berger, a le malheur de surveiller ses chèvres, en pleine montagne, à quelques kilomètres de Zadar. Le vieillard croate est criblé de balles par des nationalistes serbes, jamais poursuivis, ni inquiétés. Luka Modrić, 6 ans à peine, voit le corps inanimé, le veille, l'enterre, et quitte aussitôt, avec ses parents, la ferme familiale, en direction de l'hôtel Kolovare, lieu désuet et d'infortune pour d'innombrables réfugiés croates. L'endroit est sécurisé, mais la vie y est minable, à tel point que les rares habitués parlent plutôt de survie. Les Modrić vivent ainsi à quatre dans une chambre pendant sept ans, sans jamais imaginer qu'un loisir récréatif puisse s'immiscer dans la tristesse du quotidien. « À cet âge-là, vous ne réalisez juste pas pourquoi ce genre de choses arrive. Vous n'avez pas conscience de tout ce qui se passe autour de vous, dévoilera le joueur accompli des années plus tard au quotidien anglais *The Guardian*. Vous voyez qu'il se passe quelque chose quand vous voyez vos parents inquiets, mais vous ne comprenez pas. C'était un moment tragique. Je ne ressens de haine envers personne. Ce qui est arrivé est arrivé. Cela fait partie de ce que je devais traverser dans la vie. Cela peut vous rendre plus fort ou vous briser. J'ai choisi de devenir plus fort. Je ne crains rien, je peux être timide mais je n'ai pas peur. »

Seule et unique échappatoire, un ballon de foot que Luka tape des heures et des heures durant sur un parking désaffecté, contre les murs de l'hôtel, lorsque les sirènes se taisent et qu'il ne doit pas se terrer dans les abris. « Quand on allait dans cet abri, je prenais aussitôt mon ballon et on jouait avec mes amis, avec tout le monde, j'organisais des matches et le football était tout pour moi » (entretien accordé à l'AFP). Le foot pour survivre, donc, le cuir pour s'échapper. Pas simple, néanmoins, lorsque les terrains de football, dans leur grande majorité, ont été dévastés par les obus et que votre corps d'enfant, nécessairement frêle, n'offre aucune garantie. À Zadar, une fois le conflit terminé, Luka est repéré, alors qu'il n'a pas encore 14 ans. Il intègre le club du NK, mais doit faire face aux doutes de tous ceux qui ne croient pas en son potentiel. Son club préféré, Hajduk Split, le refoule, et ses partenaires de l'époque, à Zadar, savent tous qu'il est contraint de reculer au poste de défenseur central lorsque les adversaires du milieu de terrain sont trop costauds. « Il y a toujours beaucoup de scepticisme à propos de moi, à propos de mes qualités, de mon style de jeu, de mon physique. On disait que j'étais trop chétif pour atteindre le haut niveau, mais cette adversité m'a motivé encore plus. »

Retrouvé par le *Journal du dimanche*, Josip Bepo Bajlo est celui qui n'a jamais cessé de croire au miracle Modrić, à ses qualités naturelles et ses envies de revanche sur la vie. Convaincu, au fond, par les simples touchers de balle du garçon : « Le directeur de l'hôtel où il était réfugié m'avait parlé d'un petit gars de 6 ans. Moi, la première fois que je l'ai aperçu, il courait partout, hyperactif. Je l'ai donc amené à notre école de foot à Zadar. D'autres avaient du talent mais Luka, lui, a eu une progression constante : dans chaque catégorie, il a atteint le sommet grâce à son altruisme. Je ne l'ai jamais vu jouer pour lui, mais pour rendre les autres meilleurs. »

Quand on a vécu la guerre, on en oublie parfois l'essentiel : les faits. Car au contraire de ce qu'affirme celui qui a découvert Modrić, la carrière de l'artiste n'a jamais connu de progression constante. Elle débute même à reculons, lorsque le Dinamo Zagreb, qui lui fait signer son tout premier contrat professionnel en 2003, à l'âge de 18 ans, le prête pour qu'il file s'aguerrir et muscler son jeu. Adieu la capitale croate, bonjour la Bosnie-Herzégovine et son championnat qui laisse des traces, physiques, et surtout pas techniques. Modrić rejoint le Zrinjski Mostar, prétend que « qui peut jouer dans la ligue bosniaque peut jouer n'importe où », et repart en prêt, pour une saison supplémentaire, à l'Inter Zaprešić, club croate avec lequel il se fait enfin remarquer. Car pendant que Modrić et l'Inter jouent les phases finales du championnat, et terminent seconds, le Dinamo, lui, tente d'échapper à la relégation.

L'anormalité prend fin en 2005 lorsque le milieu de terrain est invité, enfin, à poser ses valises à Zagreb. Trois saisons plus tard, une centaine de matches disputés, trente buts au compteur et la sélection croate en habituel rendez-vous, Modric profite d'une compétition internationale pour se révéler à la face de l'Europe. Disputé en Autriche, et en Suisse, l'Euro 2008 voit la sélection croate terminer première de son groupe, disposant de ses trois adversaires de poule, la Pologne, l'Autriche et surtout l'Allemagne. Et peu importe que la route des Croates s'arrête nette en quart de finale de la compétition, face aux Turcs, lors de la séance de tirs au but, l'avenir de Modrić, alors surnommé par certains le Cruyff des Balkans, vient de connaître un sacré coup d'accélérateur. À Londres, le directeur du football du club de Tottenham, le Français Damien Comolli, s'apprête à faire un effort encore jamais entrepris dans toute l'histoire des Spurs : signer un chèque d'environ 20 millions d'euros pour convaincre un joueur étranger de quitter sa terre natale. Comolli, au curriculum vitae long comme un chapitre (recruteur à Arsenal, directeur sportif à Saint-Étienne, manager général à Fenerbahçe et Liverpool, actuel président du Toulouse Football Club) et pour qui le football n'a pas trop de secret, est toutefois considéré comme un dingue. « On voulait un style à la Cesc Fàbregas, se souvient Comolli. On avait besoin de créativité, de technique dans les trente derniers mètres, d'activité, d'intelligence et de vision du jeu. C'était ce qui nous manquait pour finir dans le Big 4. On avait déjà Gareth Bale dans l'équipe, mais il nous fallait un joueur comme Modrić. Je m'étais fait allumer parce qu'il était soi-disant frêle. Mais il ne faut pas oublier que Modrić n'avait que 21 ans à l'époque. Et il sortait d'un Euro 2008 où il avait été énorme, et dominant au milieu » (Eurosport, octobre 2017).

Luka Modrić l'a sans cesse répété au cours de sa carrière : « Il ne craint rien. » Et ce ne sont pas des dirigeants de clubs, aussi puissants soient-ils, des contrats, certes signés, et des supporters, potentiellement violents, qui vont dicter, ne serait-ce qu'une seule seconde, son comportement. À l'été 2011, alors qu'il souhaite déjà quitter Tottenham, afin de rejoindre les Blues de Chelsea, il fait savoir à son entraîneur, Harry Redknapp, qu'il a des ambitions élevées. Les Spurs, ça suffit, il est urgent pour lui de disputer la Ligue des champions chaque saison et de se hisser dans le top 4 de la Premier League. Son président lui a certes accordé un bon de sortie, mais la proposition de Chelsea est jugée insuffisante. Il tente alors d'accélérer son départ en s'épanchant dans les médias : « Je veux partir de Tottenham en bons termes. J'ai apprécié les moments passés ici mais maintenant il est temps de chercher un autre club. Je ne veux pas de dispute avec Tottenham car de toute façon j'ai un arrangement avec le président. Lorsque j'ai signé mon contrat, il était stipulé que si un autre club voulait m'enrôler, Tottenham devait considérer l'offre émise. » Rien n'y fait. Le bras de fer dure plusieurs mois, sans que le Croate ne modifie sa vision des choses. L'été suivant, en 2012, il refuse encore et toujours de prolonger son contrat, poussant même son nouvel entraîneur, André Villas-Boas, à l'écarter pour mauvaise conduite. Après des semaines de crise, d'entraînements séchés et de négociations soutenues, Modrić signe pour cinq ans en faveur du Real Madrid. Pour plus de 42 millions d'euros, bonus compris.

L'histoire, footballistiquement, est belle. Magnifique, même. Et tant pis si les débuts dans la capitale espagnole sont catastrophiques, semant des doutes, et autant de sifflets, chez les supporters et de vives critiques, émises par celui qui l'a fait signer au Real, le technicien portugais José Mourinho : « Modrić manque d'entraînement, de confiance. Il lui faut mieux connaître ses coéquipiers, il lui faut aussi apprendre ce niveau d'exigence. En réalité, il lui manque beaucoup de choses. » L'enfant de Zadar en a vu d'autres, et autrement plus essentielles que la simple trajectoire d'un ballon rond. Il s'accroche, encaisse en silence et ne met que quelques mois à faire taire les sceptiques, explosant sous le maillot merengue un soir de mars 2013, six mois après son arrivée, en Ligue des champions face à Manchester United. « J'ai démontré ce soir-là ce qu'on attendait de moi, ç'a été un premier pas important et surtout un véritable point d'inflexion. J'ai explosé à Old Trafford, dans le plus beau théâtre qui soit et au meilleur des moments. Ce jour-là, on a vu le vrai Modrić. Mais ce n'est que le début. » Exact. Lui qui n'avait jusque-là gagné que trois titres de champion de Croatie et deux Coupes nationales dans son pays, et disputé une finale de Coupe de la Ligue avec les Spurs (2009), va pouvoir nourrir son palmarès à la manière des plus grands. Ballon d'or en 2018, l'année ou il accède en finale de la Coupe du monde avec l'équipe nationale de Croatie face à l'équipe de France, quatre Ligue des champions, deux titres suprêmes en Liga, une Coupe d'Espagne, quatre Supercoupes d'Espagne, trois fois vainqueur de la Supercoupe d'Europe et quatre fois du Mondial des clubs.

De quoi, en toute logique, vous délivrer une place au firmament et provoquer l'admiration, sans bornes, d'une Croatie en mal de héros. Il n'en sera rien.

En cause, une relation tumultueuse et une affaire nauséabonde qui explose à la face de Modrić en 2018. Zdravko Mamić, homme fort du football croate, dont il est considéré comme le parrain, ancien dirigeant du Dinamo Zagreb, à l'époque ou Modrić y jouait, est accusé d'avoir détourné plus de 15 millions d'euros lors de transferts frauduleux. Tout en flouant le fisc de 1,6 million d'euros.

Convoqué au procès, Modrić est accusé de livrer un faux témoignage et est même mis en examen. Avant que la justice croate, comme par enchantement, abandonne les poursuites. Le verdict des prétoires n'est pas le jugement du peuple et Modrić l'apprend à ses dépens. À Zadar, à l'hôtel où la famille Modrić avait été réfugiée, un tag est vite apparu avec le message suivant : « Luka, tu t'en souviendras un jour. » Dans le reste du pays, et en dépit des résultats de la sélection nationale, nombreux sont ceux qui ne pardonneront jamais à Modrić d'avoir aidé Mamić, condamné à six ans et demi de prison et disparu, depuis, dans la nature.

Le milieu de terrain, bien entendu, n'est jamais revenu sur ce dossier, fuyant les nombreuses questions de la presse. Probable, d'ailleurs, qu'il évitera soigneusement d'y répondre lors de chaque conférence de presse organisée lors de la prochaine Coupe du monde au Qatar. Faute d'éclaircissements, on se contentera, pour notre part, de bien imprimer ces propos signés Modrić il y a plus de dix ans : « Ce qui est arrivé est arrivé. Cela fait partie de ce que je devais traverser dans la vie. Cela peut vous rendre plus fort ou vous briser. Je ne crains rien, je n'ai pas peur. » Traces indélébiles d'une enfance sacrifiée.

GARETH BALE, EN QUÊTE D'UNANIMITÉ

On les considère comme des artistes et la planète foot les associe à des légendes. Privilège rare accordé à quelques exceptions qui, depuis cinquante ans tout au plus, ont fait l'unanimité autour de leur seul talent. Puis, il y a les autres, tous les autres, un cran en-dessous, invités parfois permanents de l'actualité, mais qui manquent encore de régularité pour s'imposer à la face du monde.

Gareth Bale est un de ceux-là. Adulé au pays de Galles, dénigré en Espagne. Génial pour les premiers, tire-au-flanc pour les seconds. Capable, dans le même temps, de vous ruiner une saison entière au Real Madrid, avec cinq petits matches au compteur, et de signer un doublé retentissant en match de barrage pour la Coupe du monde avec sa sélection face à l'Autriche. Un « parasite », selon la presse espagnole, un ambassadeur publicitaire de plusieurs marques en Grande-Bretagne. Comme s'il suffisait de quelques milliers de kilomètres pour que le niveau d'un joueur diffère…

Gareth Bale a toujours dû parcourir l'Europe, justement, pour démontrer de quoi il était capable. Ses parents surtout, Frank et Debbie, qui ont tant œuvré, et tant bourlingué, pour que le supposé talent de leur fils se mue en carrière internationale. Compliqué d'y croire, pourtant, au pays de Galles, une terre de trois millions d'âmes jusqu'ici plus réputée pour la forme ovale de son ballon. Une terre de rugby, une vraie, nourrie aux exploits du XV du Poireau, qui renvoie, et depuis toujours, dans le plus strict anonymat la première division galloise de football (Welsh Premier League) et ses 150 000 licenciés à travers le pays. Compliqué d'y croire, toujours, lorsque les seules structures dédiées à l'épanouissement d'un enfant précoce, balle au pied, se situent en Angleterre. Voilà pourquoi Frank et Debbie n'ont d'autre alternative que de parcourir 500 kilomètres par semaine afin que Gareth, né en

1989, puisse quitter son quartier nord de Cardiff, Withchurch, pour aller s'entraîner deux fois par semaine sur les pelouses de l'université de la ville de Bath, au sud-ouest de l'Angleterre. L'explication se trouve dans ce lieu, le club de Southampton, et à cette date, 1998, lorsqu'un jeune élément (9 ans) du club local de Cardiff Civil Service est repéré. « J'ai remarqué ce môme très fin et son pied gauche, raconte Rod Ruddick, recruteur et détecteur de jeunes talents pour le club des Saints depuis quatorze ans lorsqu'il découvre Gareth Bale. C'est comme quand vous choisissez un chiot. Vous ne savez pas comment il sera adulte, mais vous le prenez parce que quelque chose vous plaît chez lui. Puis je suis allé parler aux parents de Gareth, qui étaient là. C'est comme ça que tout a commencé » (*L'Équipe*, juin 2016). L'essai du joueur doit durer six semaines, il s'arrête au bout de trois : Gareth Bale intègre les équipes de jeunes de Southampton. Ce qui implique, sept années durant, de 1998 à 2005, des voyages pour le père, la mère et la petite sœur (Vicky), qui, hormis les deux entraînements hebdomadaires, se déplacent également afin d'assister aux matches dans une partie de l'Angleterre chaque week-end.

Le passe-temps ne fait pas oublier l'essentiel : les études à la Whitchurch High School. C'est dans cette école, la plus importante de Cardiff avec ses 2 500 élèves, ses gymnases et ses innombrables terrains de football et de rugby, que le touche-à-tout développe son goût de l'effort. Athlétisme, rugby, football, à différents postes (arrière gauche, milieu de terrain, défenseur central), tout y passe et le moindre coup de moins bien est aussitôt effacé par les conseils du professeur d'éducation physique, Gwyn Morris, personnage marquant dans la vie des étudiants. « Aux jeunes, je fais passer ce message : quelqu'un doit gagner des médailles pour le pays de Galles, pourquoi pas vous ? Gareth, son toucher de balle était magnifique. Il avait cette capacité à faire la passe au bon moment. À l'école, il donnait toujours le meilleur, et quand un élève se comporte comme ça, on ne peut pas en demander plus. Vous devez viser les étoiles. C'est ce qu'on inculque aux enfants. Ils doivent avoir des rêves. Ici, nous sommes très "Je peux". Et c'est tellement mieux d'essayer. Car il n'y a rien de pire que d'arrêter de jouer et d'avoir des regrets » (*Le Monde*, juin 2016).

Message bien reçu, et compris, au regard des quelques galères qui attendent le jeune Gallois avant même son éclosion au plus haut niveau. Au même titre que d'autres stars internationales, Bale doit ainsi faire face au scepticisme que son gabarit éveille. Pas de piqûres, comme Messi, ni de remise en cause, comme pour Verratti, mais une décision qui se fait attendre à Southampton au moment de signer son contrat d'aspirant. La croissance tardive du joueur enfin actée, Bale devient officiellement un « Saints » dans les premiers jours de l'année 2006, alors qu'il n'a pas encore 17 ans. Le 17 avril 2006, à 16 ans et 275 jours, l'arrière latéral effectue déjà ses grands débuts en équipe première. Avant de revêtir le 27 mai 2006, toujours à 16 ans, le maillot de l'équipe nationale pour une première sélection face à Trinité-et-Tobago, devenant au passage le plus jeune international de l'histoire. L'ascension express se poursuit une saison plus tard puisque Bale, et en qualité d'arrière latéral toujours, quitte Southampton pour s'engager, au mois de mai 2007, dans l'un des clubs majeurs du football anglais, les Spurs de Tottenham, pour la modique somme de 12 millions d'euros. Après les mises au banc (de touche), une blessure (au pied) et une réussite sans doute trop rapide, Bale met plus de deux ans à conquérir l'exigeant public de White Hart Lane, l'enceinte des Spurs. Replacé sur l'aile, enfin débarrassé de ses soucis physiques récurrents, il est par la suite, au mois d'avril 2011, élu joueur de l'année en Premier League, distinction majeure, car délivrée par les joueurs, qui lui sera de nouveau attribuée lors de sa toute dernière saison en Angleterre, en 2012-2013. Avec ses 72 buts et 71 passes décisives à Tottenham, Bale attire le regard des plus grands clubs européens et devient même le joueur le plus cher du monde en signant le 1er septembre 2013 au Real Madrid pour plus de 100 millions d'euros.

Le transfert fait aussitôt polémique, divers présidents et entraîneurs européens jugeant le montant de la transaction indécent. Bale, lui, n'en a cure, trace sa route et laisse les dirigeants du club merengue prendre la parole afin de le défendre. C'est le cas de Zinédine Zidane, pas encore sur le banc de touche, mais alors directeur sportif du club. « Il y a dix ans, on m'avait acheté 75 millions d'euros, je disais que je ne valais pas ça. Aujourd'hui, j'ai tendance à dire qu'un joueur ne vaut pas ça. Deux clubs se mettent d'accord sur un prix, personne n'oblige l'autre à quoi que ce soit. C'est le foot, malheureusement c'est incompréhensible, de payer aussi cher, avec ce qui se passe aujourd'hui. Pour savoir si Gareth a été acheté au juste prix, il faudra attendre un an » (*Marca*, septembre 2013).

Même pas. L'attaquant gallois, impressionnant de régularité face à la pression madrilène, met tout le monde d'accord en quelques semaines. S'adjuge la Coupe du Roi en marquant face au Football Club de Barcelone, et se montre déterminant en finale de la Ligue des champions contre l'Atlético Madrid pour une dixième Coupe aux grandes oreilles. Le public du Bernabeu, conquis, se délecte enfin des 22 buts et des 16 passes décisives qui justifient, selon eux, l'investissement colossal du début de saison. L'histoire d'amour dure plusieurs mois, Bale accumulant les trophées (quatre Ligue des champions, deux titres de Champion d'Espagne, trois fois vainqueur du Mondial des clubs et deux fois de la Supercoupe d'Europe) et les matches pleins. Avant que cela ne se détériore et que la présence du Gallois au sein du club espagnol devienne source de malaise et de crispation. En cause, notamment, l'attitude du joueur, qui ne s'est jamais caché afin d'exprimer ses retentissants coups de gueule. Se mettre un masque sur les yeux, alors qu'il est remplaçant, pour simuler une sieste en plein match ? Signé Gareth Bale. Utiliser un rouleau de papier toilette pour mimer des jumelles et faire rire ses coéquipiers remplaçants en plein match ? Signé Gareth Bale. Déployer un message acerbe, « Wales. Golf. Madrid. In that order », sur le drapeau national gallois ? Toujours signé Gareth Bale. Et comme selon certains médias, en l'occurrence le quotidien madrilène *Marca*, les relations avec son entraîneur, Zinédine Zidane, sont exécrables, Bale change vite de statut, passant de la star à 15 millions d'euros annuels de salaire à l'ennemi à abattre. « Zidane a été très clair après la finale à

Cardiff en 2017, et la vérité est qu'il n'a pas changé d'avis d'un iota sur Gareth Bale. L'entraîneur a dit aux responsables du club qu'il ne le voulait pas et qu'il devait quitter le vestiaire du Real Madrid. Il n'y a jamais eu de lien entre les deux. L'un exigeait une relation différente avec professionnalisme, et l'autre un traitement différent, avec plus d'affection. En fin de compte, la conversation s'est mal terminée parce que les deux hommes parlent des langues différentes, et pas seulement au sens littéral. »

L'entraîneur français parti du club sur un triomphe personnel (trois Ligue des champions consécutives et deux titres de champion d'Espagne), restait à savoir si Bale allait enfin retrouver de la confiance à Madrid. Il n'en est rien. Le successeur de Zizou, Carlo Ancelotti, aura beau multiplier les messages encourageants, on doute de sa sincérité. « Je lui parle, comme tout le monde, pour tirer le meilleur de lui. J'écoute ses problèmes, la relation personnelle avec lui est bonne. Je n'ai rien à reprocher. Il est sérieux, professionnel, il respecte les gens, il l'a toujours fait. Il a eu des blessures, son contrat se termine. Il se peut qu'il n'ait pas eu beaucoup de motivation ces dernières années, maintenant il va bien et veut finir ici comme il le mérite. Pour ce club, Bale a offert tant de titres, de Ligue des champions, de Coupes. Bien finir serait bon pour sa carrière » (conférence de presse, février 2022).

Au regard des statistiques personnelles cette saison (5 matches, 1 but), et de son âge, 33 ans au mois de juillet 2022, on devine un dernier et juteux contrat. Où ? Sans doute loin de l'Espagne et de Madrid, où la presse locale l'a déjà classé parmi les plus grandes escroqueries de l'histoire : « Le parasite Bale est arrivé du froid et des pluies anglaises. Il s'est installé en Espagne, où il a montré, pour commencer, un certain zèle pour son hôte, avant que sa nature profonde le conduise à sucer le sang de son hôte sans jamais rien apporter en échange. Enfin, plus que le sang, il a sucé et sucé l'argent du club. Et à la différence de ses semblables, comme les puces ou les punaises, il n'a pas provoqué des démangeaisons et des maladies, mais il s'est mis à rire et à se moquer de son hôte qui lui paye son salaire » (*Marca*, mars 2022).

Au Qatar, ce qui sera en cas de victoire face à l'Ukraine en match de barrage la seconde participation du pays de Galles à une Coupe du monde, Gareth Bale aura l'occasion de faire taire les critiques. L'Espagne et le Real Madrid ne seront plus qu'un souvenir, le pays de Galles une réalité. Et, espérons pour lui, marquée du seau de la réussite.

DERNIÈRE VALSE AU QATAR

Quinze ou vingt ans, tout au plus. À l'expresse condition d'éviter la blessure, ou le mauvais choix, imprévus susceptibles d'écourter le temps imparti à une carrière professionnelle.

Les plus nombreux, l'immense majorité même, verront ce temps qui passe sans jamais y associer le goût du bonheur. De l'achevé et du très bien fait. Celui qui consacre des mois de souffrances, d'efforts, et qui vous classent à jamais dans la catégorie footballeurs d'exception. Remporter une Coupe du monde est la plus grande des récompenses, le couronnement d'une vie, dédiée au sport en général et au football en particulier. Ça n'arrive souvent qu'une fois, rarement plus, joueurs légendaires mis à part, sans que cela empêche de vouloir rééditer l'exploit.

Manuel Neuer et Sergio Busquets sont de ceux-là. Titrés dans leurs clubs respectifs, et à d'innombrables reprises, ils ont atteint le sommet, en 2010 pour l'Espagnol, lors du Mondial en Afrique du Sud, et au Brésil, quatre ans plus tard, pour le portier de la Nationalmannschaft. Au crépuscule de leur carrière, le rendez-vous Qatari figure désormais en très bonne place. Comme une évidence, et même une obsession, tellement plus forte que leurs palmarès déjà fournis. C'est aussi ça le charme la Coupe du monde, de ses matches et de ses lourds enjeux : les plus grands n'en sont jamais rassasiés.

Une raison, une de plus, pour ne surtout pas manquer le rendez-vous du mois de novembre prochain.

MANUEL NEUER, LE REMPART IDÉAL

Il s'agit d'une marque de fabrique. Dont la planète football profite, au fil du temps, avec de nombreux modèles déposés. Tous sont talentueux, allemands et capables de rendre à leur poste si ingrat une considération enfin méritée. Ils ont pour noms Sepp Maier, Harald Schumacher, Jens Lehman, Andreas Köpke ou encore Oliver Kahn, patronymes qui claquent comme autant de souvenirs de 7 à 77 ans. Il serait donc propice, au fond, d'être né de l'autre côté du Rhin, pour s'imposer dans les buts. Et de s'immiscer dans la confrérie des gardiens pour, enfin, faire taire les critiques. C'est en effet bien connu, pour les puristes comme pour les néophytes : si un attaquant peut rater des occasions, un petit but suffira à occulter toutes les critiques. Si un gardien, lui, multiplie les parades, une seule erreur retiendra toute l'attention. Telle est la règle, immuable et injuste, que seules l'excellence et la longévité parviennent à bouleverser.

Manuel Neuer y est parvenu. Et sans encombre. Talentueux, il l'est, Allemand, également. Pétri par le ballon rond dès le plus jeune âge, sans que cette passion soit un moteur allumé en direction du succès. Trop de contraintes, morales et physiques, pas d'appétence familiale pour ce sport. Père policier, mère femme de ménage, cadre de vie austère dans la Rühr, ancien bassin minier situé au nord-ouest de l'Allemagne, la seule règle familiale qui prévaut est le travail. Chez les Neuer, au contraire de ce que chante Jacques Brel, « on vit, on ne triche pas ». Rien de superflu, pas de signes ostentatoires, et surtout pas de loisir addictif si les notes à l'école ne suivent pas. À tel point que le jeune Manuel, inscrit dans un club de foot dès l'âge de 4 ans et encarté comme supporter virulent du club de Schalke 04 à 13, inquiète et irrite sa mère par sa propension à passer son temps sur tous les terrains de la ville. Pas uniquement dans les buts, mais à différents postes. Un accord est donc trouvé après des mois et des mois de tensions : de bons résultats scolaires et c'est l'entrée au sport-étude de Berger Feld, situé à Gelsenkirchen, à quelques mètres, seulement, du stade de Schalke 04. Rien, toutefois, n'indique une voie toute tracée, une quelconque réussite. Car si les résultats scolaires suivent pour le jeune Manuel, des problèmes se posent ballon au pied en raison de son physique et d'une déficience qui ressemble fort à celle d'une star planétaire argentine, Lionel Messi. « J'ai longtemps été très petit, et ça m'a même coûté la sélection dans une équipe régionale, confiera Neuer des années plus tard. Certains entraîneurs m'ont donc conseillé de faire une radio des cartilages de la main pour vérifier que tout allait bien avec ma croissance. Franchement, pas grand monde n'imaginait alors comment ça se passerait. »

Ce que l'histoire n'a pas raconté, et durant longtemps, c'est que les entraîneurs de Schalke 04 hésitent même à se séparer de lui, préférant dans leurs buts des gardiens aux mensurations plus conformes à l'usage, à savoir grands et costauds. Avant qu'il n'intègre l'équipe des U17, une réunion au sommet se tient sur le sort de Manuel Neuer. Décision est finalement prise de le conserver, en attendant que son physique évolue – c'est le cas : le petit mesure aujourd'hui 1,94 m –, et que cet épisode, qui va forger sa légende, nourrisse son caractère. « Son ambition réelle n'a pas éclaté très tôt », se souvient Norbert Elgert, son premier entraîneur, interrogé par l'Agence France-Presse. Certes, Manuel était déjà obsédé par le football, bien avant de penser faire une carrière professionnelle. La palette de tous ses talents était exceptionnelle, mais dans l'équipe, il n'était pas le premier choix. Un autre gardien, qui jouait en équipe nationale de sa classe d'âge était devant lui. Je me rappelle avoir eu une conversation avec lui. Je lui avais dit : “Avec ton talent, c'est à toi de décider quand tu veux ta place dans l'équipe.” »

Ce sera à l'été 2006, profitant du départ lors du mercato estival du gardien titulaire de Schalke 04, Frank Rost, en direction de

Hambourg. L'ancien habitué des tribunes de la Veltins-Arena, beaucoup plus proche, dans l'attitude, des fanatiques des virages que des apaisés de la tribune présidentielle, réalise alors un rêve de gosse : porter le maillot de Schalke 04. Consécration pour l'intéressé, plaisir incommensurable pour les autres, milliers de supporters d'un des clubs les plus populaires du pays qui scandent son nom à chaque rencontre. Quelques arrêts déterminants font de Neuer l'un des très bons remparts de la Bundesliga et, au terme de sa première saison en qualité de titulaire, tout juste âgé de 20 ans, il est élu meilleur gardien de la Bundesliga. Mieux, une performance exceptionnelle, ponctuée de multiples arrêts un soir de mars 2008 contre le FC Porto en Ligue des champions, lui vaut le surnom de « mur de Gelsenkirchen ». Il s'agit là d'une première étape, mais certainement pas d'une finalité. Quatre saisons et une Coupe du monde 2010 plus tard, disputée avec la Mannschaft, Neuer se rend à l'évidence, connue et partagée par tous ceux qui suivent le football germanique : seul le Bayern Munich lui offrira l'assurance de gagner des titres. La Coupe d'Allemagne, remportée avec Schalke au printemps 2011, ne lui suffit pas. Ou plus. Neuer mesure déjà trop bien les sacrifices entrepris pour se contenter de miettes. Son objectif majeur demeure la Ligue des champions ; y participer, bien entendu, mais surtout la gagner, exploit seulement entrevu avec Schalke lors de la saison 2010-2011, au terme d'une élimination en demi-finale contre Manchester United. Le manager des Red Devils, Alex Ferguson, avare de compliments, admet certes « qu'il a sans doute vu la meilleure prestation d'un gardien de but durant toute sa carrière », mais Neuer pense à faire ses valises. Dès le mois d'avril 2011, il informe ses dirigeants qu'il ne prolongera pas son contrat, qui s'étend encore sur une saison. « J'ai pris cette décision sans influence de l'extérieur. Ma décision n'a rien à voir avec le changement d'entraîneur ou avec une personnalité d'un autre club. Toutes les autres spéculations sont sans fondement. »

Un mois plus tard, coup de tonnerre lorsque le gardien rend publique une décision que toute la Ruhr redoute : son départ au Bayern pour près de 25 millions d'euros. À Gelsenkirchen, c'est tout d'abord la consternation. Puis la haine. Le Bayern est pour Schalke ce que le Paris Saint-Germain est pour l'OM ou encore l'AS Saint-Étienne pour l'Olympique lyonnais : une anomalie de l'histoire, une détestation sans fin. Trop de titres, de succès, de présence médiatique et une jalousie permanente qui se traduit, dans ce cas précis, par de nombreuses banderoles dans les travées du Gelsin-Stadion, assimilant Manuel Neuer à un traître sans scrupule. Plus surprenant, même s'il faut s'attendre à tout avec les querelles de supporters, ceux du Bayern Munich se déchaînent face au transfert. Des banderoles, là encore, se déploient à l'Allianz Arena, le stade munichois, et des chants hostiles sont entendus au cours des rencontres. Plusieurs associations de supporters vont même jusqu'à demander à la direction du Bayern de renoncer au transfert. En conférence de presse, lors de la traditionnelle présentation d'une recrue aux médias, le sujet fait l'objet d'innombrables questions. Neuer admet alors « avoir abordé le problème avec ses dirigeants. Je vais bien entendu rencontrer les supporters pour que l'on puisse se dire les choses en face et tout mettre sur la table ». Au contraire de tous les pronostics, la tension reste palpable plusieurs mois. Les supporters du Bayern, qui n'ont jamais pardonné à Neuer de les avoir chambrés lors d'une victoire deux ans plus tôt, lui imposent même un code de conduite, dans lequel, tenez-vous bien, il est interdit à Neuer d'entonner certains chants de supporters, de s'approcher du grillage du virage sud de l'Allianz-Arena et d'embrasser l'écusson du club !

Hermétique à la fronde, résolu à poursuivre sa voie tout en restant fidèle à ses principes, Neuer redouble d'efforts et, peu à peu, éteint les critiques. Le palmarès sportif y contribue, logiquement, avec une finale de Ligue des champions, dès sa première saison en Bavière, et un palmarès à faire rougir de honte les plus grandes stars du ballon rond. Neuf titres de champion d'Allemagne consécutifs entre 2013 et 2021, cinq Coupes d'Allemagne et autant de Supercoupes, une Coupe du monde en 2014 avec la sélection allemande et deux Ligue des champions, glanées en 2013 et 2020, la plus récente étant obtenue aux dépens du Paris Saint-Germain en pleine pandémie mondiale. Des exploits qui pourtant, et si l'on se fie à certains spécialistes, ne sont pas grand-chose à côté de ce qui a vraiment touché les supporters. Alexis Menuge, correspondant permanent du quotidien *L'Équipe* en Allemagne, explique : « Sa force, c'est aussi et surtout son caractère. Ce n'est pas rien que de rappeler sans cesse qu'il vient de la Ruhr et qu'il ne l'a jamais oublié. Neuer est toujours resté simple, humble. Il y a d'ailleurs une anecdote à son sujet qui en dit long sur sa personnalité. Le dernier jour de la Fête de la bière, en 2015, alors que tous les joueurs du Bayern devaient se retrouver, lui y est allé en métro ! Jamais on n'avait vu ça dans l'histoire du Bayern. Pendant neuf stations, il a signé des autographes, pris des photos et répondu à tout le monde. Quand on reste simple, ça touche nécessairement les gens. »

Ceux de Gelsenkirchen, eux, restent mitigés, pas vraiment enclins à digérer l'affront du printemps 2011. Dix ans déjà, sans que les supporters les plus résolus de Schalke parviennent à balayer une animosité rare à l'adresse de leur ancienne idole, dix ans à le conspuer à chaque retour dans le stade qui l'a vu s'éveiller au football. « Moi, je m'en fous qu'ils me sifflent quand j'ai le ballon, leur a depuis répondu Neuer. Mais je ne peux pas comprendre qu'ils m'insultent avec de tels mots. L'émotion fait partie du jeu mais pour moi, c'est incompréhensible quand j'entends des “fils de pute”. Tout ce qu'ils me font fait de moi une personne plus forte. Si on regarde ma carrière avec le Bayern, il est indéniable que j'ai fait le bon choix. » Pas celui du cœur, sans doute, mais de la raison. Manuel Neuer a su profiter de sa région d'origine, et des valeurs qui en découlent, pour s'offrir le droit au succès, à la consécration même, si bien définie dans les propos de Karl-Heinz Rummenigge, actuel président du Bayern Munich, qui a joué avec tous les plus grands gardiens allemands de l'histoire : « Je les ai tous vus. Sepp Maier, Harald Schumacher, Oliver Kahn et maintenant Manu. J'ai le plus grand respect pour Maier et Kahn, ils étaient de classe mondiale. Mais ce que Manuel a fait est autre chose : il a fait passer le jeu de gardien de but à un tout autre niveau. Il est le meilleur gardien de tous les temps. » Parole d'expert.

SERGIO BUSQUETS, UN HÉROS SI DISCRET

Des dizaines d'années, déjà, que le football n'échappe pas à la règle. Et qu'au fil de l'histoire, à chaque patronyme couronné de succès, les observateurs s'interrogent : tel père, tel fils ? Non, ce serait trop simple. Pelé, Franz Beckenbauer, Michel Platini ou Diego Maradona n'ont jamais connu un quelconque héritier. Yoann Cruyff, Alain Giresse ou encore Zinédine Zidane, joueurs devenus esthètes, ont sans doute mis la barre trop haut pour offrir à leur progéniture un soupçon d'existence propre. Reste que la règle, comme souvent, souffre de certaines exceptions : Paolo Maldini, porté aussi haut au Milan AC que son illustre père Cesare, Youri Djorkaeff, sans doute plus talentueux que son Jean de père, ou les frères Ayew, André et Jordan, héritiers confirmés du brillant milieu de terrain ghanéen Abedi Pelé, notamment passé par l'Olympique de Marseille.

Il est même parfois des « fils de » dont la carrière interpelle en raison de leur nom. Peu aimable pour le père, on vous l'accorde, mais lorsqu'on lit Busquets et qu'on suit l'actualité du football international depuis des lustres, on s'étonne encore et toujours de l'ascension de Sergio. Carles, lui, a longtemps cumulé les tares : titulaire sur un banc de touche et grosses bévues une fois sur le pré. Et peu importe que cela soit au Football Club de Barcelone, au cours des années 1990, l'histoire associant ce gardien de but, au bas de survêtement trop large, à un éternel second choix. Titulaire deux saisons sur ses treize passées au sein du club catalan, et clairement poussé vers la sortie en 1999 par l'incommode entraîneur néerlandais Louis van Gaal, Busquets père a ensuite rejoint l'Unió Esportiva Lleida, pensionnaire de la seconde division espagnole qui a dans le même temps connu les débuts de Sergio au sein des équipes de jeunes.

Onze ans, à peine, pour une formation débutée et poursuivie en Catalogne, entre Sabadell, où il est né, les matches de son remplaçant de père au Camp Nou tous les quinze jours, et la ville de Lérida, qui accueille justement le club de Lleida. Et puisqu'à l'adolescence on s'adapte, bon gré mal gré, aux décisions des parents, Sergio change encore de destination lorsque son père met un terme à sa carrière. Direction le Jabac Terrassa Football Club, toujours en Catalogne, pour deux saisons supplémentaires de formation avant le Graal : la proposition du FC Barcelone d'intégrer son centre de formation si réputé, la Masia. Les deux clubs dominants en Espagne, le Barça et le Real Madrid, ont cette particularité, unique en Europe, de donner leur chance aux plus jeunes. Messi, Xavi, Iniesta ou encore Puyol, côté catalan, Butragueño, Raúl, Eto'o, Guti et d'autres au Real, tous ont affronté la concurrence et relégué certaines stars recrutées à coups de millions d'euros sur le banc de touche.

Sergio Busquets, comme tant d'autres avant lui, sait donc qu'une opportunité lui sera offerte. En attendant, il arrive à la Masia dans le plus grand anonymat, renvoyé, parfois, au souvenir peu reluisant de son père. Deux saisons à gravir les échelons, en qualité de titulaire indiscutable au milieu du terrain, et un premier tournant qui intervient lors de la saison 2007-2008. L'un des anciens partenaires de son père prend alors en charge l'équipe B du FC Barcelone pour s'aguerrir sur un banc de touche. Un nom qui parle, un nom qui claque, Pep Guardiola, milieu de terrain aboyeur pour qui parcourir des kilomètres sur un terrain a du sens. Pour qui le rôle d'homme de l'ombre signifie beaucoup de choses.

Le palmarès de Guardiola au sein du club catalan, entre 1990 et 2001, est long comme une autoroute. Avec, entre autres, six titres de champion d'Espagne, une Ligue des champions et une Coupe des vainqueurs de coupe aujourd'hui disparue. Enfant du Barça, grandi aux exploits du Camp Nou, Guardiola aspire à en devenir un cadre à part entière. Sur le banc de touche et en dirigeant un jour ou l'autre l'équipe première. Mais puisqu'il faut apprendre le métier, appliquer sur un terrain sa propre conception du football, autant utiliser des jeunes qui comprennent vite. C'est le cas de Busquets junior, qui effectue ainsi ses grands débuts au mois d'octobre 2007. Vingt-trois apparitions plus tard, le Barça B monte en troisième division, Busquets est devenu titulaire et a marqué deux buts. « Je n'oublierai jamais ce moment, dit-il. Pas seulement pour les débuts en tant que tel, mais également parce que c'était une époque où je me blessais souvent. Le plus important, c'est d'être sur le terrain. J'étais comblé, je ne pouvais rien demander de plus. » (*Mundo Deportivo*, février 2017). Goût du travail, volonté de ne jamais rien lâcher, Busquets finit de convaincre Guardiola. Ce qui, visiblement, n'était pas gagné, selon une blague du technicien bien connue à Barcelone. « Je ne sais vraiment pas qui lui a appris à jouer au foot. Son père, c'était un désastre… »

Le fils, lui, a davantage de chance avec la nomination à l'été 2008 de son propre entraîneur à la tête de l'équipe première. Franck Rijkaard, le Néerlandais, après cinq ans de bons et loyaux services, tire en effet sa révérence au terme d'une saison éprouvante, notamment marquée par une humiliation lors du Clásico face à l'ennemi héréditaire du Real Madrid et une défaite 4-1. Outre les stars habituelles qui composent l'effectif du club catalan, Guardiola apporte sa touche personnelle avec deux ou trois joueurs issus du centre de formation. Dont Sergio Busquets, qu'il titularise peu de temps après son vingtième anniversaire, au mois d'octobre 2008. « Le centre de formation, ce sont des générations de joueurs qui dépendent de l'entraîneur de la première. Je l'ai expérimenté plusieurs fois. J'étais entraîneur dans l'équipe première et j'en ai fait monter car je les avais eus un an avant dans l'équipe C. Est-ce que je l'aurai fait si je ne les avais pas eus en C ? Je ne le sais pas. Des fois cela demande du temps pour savoir. Et ils nous ont mis un coup de pied au cul les trois premiers matches. »

Personne, et pas même les plus assidus supporters du Barça, ne peut alors imaginer la suite de l'histoire, marquée du sceau de l'insolente réussite. En équipe nationale d'Espagne, qui s'appuie alors sur une exceptionnelle doublette Xavi-Iniesta, comme au FC Barcelone, Busquets s'installe, balaie la concurrence, obtient le prix du meilleur espoir européen, s'abonne au poste de titulaire incontournable et se sait déjà respecté. « Je suis dans une position où je ne suis pas toujours remarqué. Je ne marque pas énormément de buts ou ne dribble pas beaucoup mais je me sens vraiment comme une pièce importante de l'équipe. Au Barça, tous les coachs sont différents, mais ce qui est commun à tous ceux que j'ai connus, c'est que les joueurs doivent et veulent avoir le ballon pour être des protagonistes sur le terrain » (*Sports Illustrated*).

Sans bruit, mais pas sans assurance, l'anti-star Busquets se gave de trophées, avec une Ligue des champions remportée pour sa toute première saison chez les professionnels, une Coupe du monde des clubs et deux Ligas consécutives. Les éloges pleuvent, venus de toute la planète foot, parfaitement résumés par les propos de Vicente Del Bosque, alors sélectionneur national de la Roja. « J'aurais aimé être Busquets, car il rend facile tout ce qui est difficile. Il est le joueur le plus solidaire que j'aie vu. Il pourrait être plus dans la lumière, mais il pense avant tout à aider son coéquipier pour le bien de l'équipe. » Son partenaire au FC Barcelone, Gérard Piqué, va même un petit peu plus loin, soulignant l'apport méconnu de son partenaire : « Il fait des choses incroyables qui, pour la plupart des gens, passent inaperçues et qui me font halluciner. Sans lui, nous n'aurions pas même gagné la moitié de ce que nous avons remporté, tant avec le Barça qu'avec la sélection. C'est un joueur majuscule. » Aucune raison, dès lors, que le longiligne (1,89 m) milieu de terrain, aussi discret dans la vie qu'efficace sur la pelouse, ne poursuive pas sa moisson de trophées, dont la Coupe du monde, en 2010 en Afrique du Sud. Pep Guardiola parti du banc de touche catalan, ses successeurs vont tous continuer, plus que jamais, à s'appuyer sur la polyvalence et le jeu juste de Sergio Busquets. Tito Vilanova, tragiquement décédé quelques mois plus tard, Luis Enrique, Ernesto Valverde, Quique Setién ou plus récemment Ronald Koeman lui réaffirment leur confiance, comme si le joueur était LE dépositaire du jeu du Football Club de Barcelone. « Tous les joueurs qui ont joué pour le Barça ont contribué à son succès, beaucoup d'entre nous jouent ensemble depuis très longtemps, on a toujours gardé la même vision du football, et cela, grâce à la philosophie de jeu qu'on a appris durant toutes les années antérieures. Après Johan Cruyff puis ensuite Pep Guardiola, le Barça a changé énormément mais il reste toujours, si ce n'est pas le meilleur club du monde, un des trois meilleurs clubs du monde. On a juste à voir la trajectoire du Barça et tout ce que le club a gagné ainsi que la constance en termes de niveau des joueurs. »

En dépit des saisons qui se suivent, des victoires et des défaites, des rires, des larmes, et même parfois des traumatismes persistants comme fut considéré le départ au Paris Saint-Germain de Lionel Messi, Sergio Busquets empile les matches dans la plus grande discrétion. Pas de strass, aucune paillette, à des années-lumière des standards actuels du football moderne. Et ce n'est vraiment pas parti pour changer. « J'accepte le fait d'être différent. Par exemple, dans le monde dans lequel nous vivons, ne pas avoir Facebook ni Twitter est étrange, je le reconnais. Mais je me sens à l'aise et je n'en ai pas besoin pour être heureux. Je ne suis ni meilleur ni pire qu'un autre. »

La modestie du propos interpelle, car bien entendu non feinte. Un ovni du ballon rond actuel, simple, talentueux, et fidèle à un seul club depuis le début de la saison 2008. « J'ai toujours dit que je ne serais pas un joueur du Barça pendant 20 ans si j'ai un rôle secondaire. Au moment où je ressentirai que mes ambitions baissent ou que je ne serai plus capable d'être bon physiquement, je reculerai d'un pas et je partirai avec le sentiment d'avoir été un privilégié. Je serai heureux de ce que j'aurai donné au club. »

Busquets est toujours à Barcelone. Avec plus de 700 matches disputés sous le maillot catalan. Un chiffre ahurissant et monstrueux qui prouve, si besoin était, la régularité du joueur au plus haut niveau. Un chiffre qui place Busquets devant Gérard Piqué, Carles Puyol, Andres Iniesta ou Lionel Messi, icônes parmi les icônes de l'histoire du club catalan, avec qui il a joué. L'été dernier, lors du départ retentissant de la Pulga, Busquets est longtemps « resté en état de choc. Pour tout ce qu'il représente pour le Barça, pour ce qu'il représentait aussi pour moi et pour nos familles sur le plan personnel. Ç'a été des émotions difficiles à gérer. C'est dur, mais on doit essayer de changer notre mentalité. » (Conférence de presse, septembre 2021)

Tout en haut du classement, juste devant lui, Busquets trouve son entraîneur actuel, Xavi, et ses 767 rencontres disputées au Barça. Busquets, 34 ans en septembre 2022, dispose des moyens physiques pour le dépasser et rentrer à jamais dans l'histoire du club catalan. Un ultime pied de nez à l'histoire et à ce nom, Busquets, finalement respecté au FC Barcelone.

LES PERLES DE L'AFRIQUE

Le constat est là, implacable. Synonyme de malaise, voire d'incompréhension, devant la kyrielle de talents alignés depuis des décennies. Face à ces souvenirs, nos souvenirs, mémorables et émouvants, de l'Algérie en 1982, du Ghana en 2010, de Roger Milla, d'Asamoah Gyan, ou même de victoires inattendues face à l'Allemagne et l'équipe de France. Mais c'est ainsi : jamais une sélection africaine n'a été capable de dépasser le stade des quarts de finale lors d'une Coupe du monde. Pas plus le Cameroun que le Sénégal ou encore le Ghana, à chaque fois éjectés en prolongation ou à l'issue des tirs au but. Et que dire de l'Égypte, trois participations et autant d'éliminations dès le premier tour, de la Tunisie, incapable de rejoindre le second tour en dépit de ses cinq participations. Un camouflet pour tous les amoureux du ballon rond, un fiasco pour l'Afrique, qu'elle soit du Nord, de l'Ouest, centrale ou australe.

L'anomalie est telle que des chercheurs de l'université américaine d'Harvard ont récemment tenté de comprendre le pourquoi du comment. Pour en arriver au bilan suivant : la différence de niveau entre les sélections africaines et celles du gotha international proviendrait des adversaires rencontrés, et de leur moindre niveau. On y ajoutera, quant à nous, un déficit d'infrastructures, un manque criant de stabilité, et, à tous les étages, de faibles moyens sportifs et financiers, un manque de formation(s) et, comment ne pas le souligner, une inégalité criante qui a trop longtemps desservi le continent. De 1970 à 1982, les Africains n'ont ainsi eu droit qu'à un seul représentant, un second en 1982, un troisième en 1994 et un cinquième aujourd'hui.

Place donc, lors de cette édition au Qatar, au Sénégal, au Maroc, au Cameroun, à la Tunisie et au Ghana pour croire au miracle et occulter le malaise. Pour se convaincre, finalement, que le président de la Confédération africaine de football (CAF), Patrice Motsepe, dit juste : « Nous devons arrêter d'être trop pessimistes et négatifs. Aucun continent n'a réussi en s'attardant sur ses échecs. Une équipe africaine doit gagner la Coupe du monde dans un avenir proche. » (Conférence de presse, mars 2021)

L'espoir est le pilier du monde, affirme le proverbe. Pourquoi ne pas y croire, le proverbe est africain.

SADIO MANÉ, UN LION SURGI DE NULLE PART

Lui et personne d'autre. Tel un symbole, pour prendre le cuir en main, au terme d'une folle séance de tirs au but. Lui et personne d'autre pour un pénalty transformé en match retour de barrage qui délivre tout un peuple et valide un ticket, destination Qatar. Ce devait être lui, Sadio Mané. Et personne d'autre.

Un « don de Dieu », comme l'a qualifié son entraîneur en équipe nationale, Aliou Cissé, mais surtout un enfant d'Afrique, destiné à l'anonymat et déprogrammé pour le succès. Né à Bambali (10 avril 1992), petit village du Sénégal de 15 000 âmes perdu aux abords du fleuve Casamance à sept heures de route de la capitale, Dakar. On y pratique la pêche, on vit de la bananeraie, de la riziculture, et on ne perd surtout pas son temps à jouer au football, loisir futile que les parents Mané n'associent absolument pas à un potentiel avenir. Le père, imam du village et décédé très tôt, espère que son fils sera cultivateur ou professeur. Rien d'autre. La mère, elle, ne supporte pas de voir le jeune Sadio ballon au pied. « Ma mère me chassait à chaque fois qu'elle me voyait jouer au foot, raconte-t-il à *France Football.* C'était dur pour moi, car je me sentais un peu seul. Je ne comprenais pas pourquoi on ne m'autorisait pas à vivre mon rêve. »

Lui en rêve, posters de Ronaldinho ou d'El-Hadji Diouf dans sa chambre, et y joue, sans cesse, sur un lopin de terre minable, avec des buts faits de bouts de bois. « Je suis né dans un village où il n'y a jamais eu de footballeur ayant participé aux grands championnats. Quand j'étais petit, mes parents pensaient que je devais étudier pour devenir professeur. Ils pensaient que le football était une perte de temps et que je n'y arriverais jamais. J'ai toujours dit : "C'est le seul travail qui permettra de t'aider et je pense avoir une chance de devenir footballeur." Ils n'en étaient pas sûrs car j'étais loin de la capitale et presque personne n'y était parvenu. Ils étaient donc contre, et ils n'y ont jamais cru » (Bleacher Report, septembre 2018).

Adolescent, Sadio y croit. Comme personne. Et puisque rien, dans son quotidien ni dans son entourage, ne lui laisse croire à des lendemains de footballeur professionnel, il prend lui-même son destin en main. Cache son sac de sport, un soir, dans les herbes hautes du village, et fugue le lendemain matin sans en avertir les membres de sa famille. Direction Dakar, la capitale, l'Eldorado supposé, ses écoles de foot et ses potentiels recruteurs. Le rêve est de courte durée, une semaine tout au plus, avant qu'un ami de Mané, mis dans la confidence, ne lâche le morceau au reste de la famille. Le coup d'éclat ne reste toutefois pas sans lendemain, et au terme de conversations parfois tendues avec sa mère, il est convenu que Sadio pourra tenter sa chance s'il continue d'aller à l'école et effectue ses prières quotidiennes. En 2009, âgé de 17 ans, l'autorisation est donnée. Direction M'Bour, cette fois, ville de l'ouest du Sénégal, limitrophe de la station balnéaire de Saly, bien connue des moteurs de ballon rond pour l'organisation fréquente de tournois de quartiers, les navétanes. Au bord du terrain, et pas vraiment impressionné par ce qu'il voit, Abdou Diatta, recruteur vétéran du club de l'Association sportive Génération Foot, club fondé en 2000 qui s'articule notamment autour d'une académie pour jeunes joueurs : « On avait programmé des tests à l'école de police. En le voyant pour la première fois, je ne pensais pas qu'il ferait quelque chose ici parce qu'il est venu timide. C'était comme s'il n'avait pas envie d'aller jouer. En revanche, lorsque j'ai vu son toucher de balle, je me suis dit : “Ça c'est un bon joueur.” J'ai donc dit à notre entraîneur : “Celui-là, on le prend direct.” » L'entraîneur en question a pour nom Jules Boucher, ancien international sénégalais passé par l'Hexagone dans le club de Bourges dans les années 1980. Face à ce jeune joueur, aux chaussures usées et rafistolées par des bouts de cordes et dont le short ne ressemble à rien, le coup de foudre est immédiat. « Sadio était sympathique, bien éduqué, mais on voyait assez vite qu'il n'était pas venu avec de grands moyens. Balle au pied, j'avais vu en lui des qualités de joueur de haut niveau, des qualités de vitesse, de dribble, de percussion, d'enchaînements. Mais il restait trop souvent à l'écart du groupe. Un jour je suis venu vers lui et j'ai dit : "Sadio, tu es un footballeur. Quand tu viens, mets-toi dans le groupe, avec le groupe, ensemble, toute l'équipe. Si tu continues à faire ton timide comme ça, tu risques de retourner en Casamance, parce que le football c'est pas comme ça. Il faut rentrer dans le groupe." »

C'est donc sous les couleurs de Génération Foot que Sadio Mané s'éveille au ballon rond. Au quotidien, des rêves plein la tête, et sur des terrains dignes de ce nom, loin de la gadoue de Bambali. Autre coup de pouce du destin, le club sénégalais, monté en seconde division lors de la saison 2010-2011, a signé huit ans plus tôt un partenariat avec le Football Club de Metz. Le deal est simple : en contrepartie de matériel, le club lorrain dispose d'un droit de regard prioritaire sur les joueurs de Génération Foot. Olivier Perrin, alors entraîneur au FC Metz, avant d'en devenir son directeur du centre de formation, raconte : « À l'époque, en 2009, l'Académie n'était pas aussi structurée qu'aujourd'hui et le niveau était encore assez moyen. L'équipe première évoluait en National. Je m'y rendais plusieurs fois par an (il était alors entraîneur au sein du centre de formation du FC Metz) et j'ai tout de suite remarqué ce joueur qui sortait du lot : c'était Sadio. Je l'ai vu prendre le ballon dans ses 18 mètres et terminer tout seul de l'autre côté du terrain. C'était impressionnant. Individuellement, c'était un avion ! En revanche, collectivement, ce n'était pas ça... Mais il avait déjà tout le temps le sourire aux lèvres et ça n'a pas changé depuis » (*France Football*, mai 2019).

Débarquer à Metz, dans la froideur de l'hiver, constitue un premier choc pour Mané. Thermique. Puis un second pour les autres responsables du club lorrain, qui n'ont pas encore vue le Sénégalais à l'œuvre. L'entraîneur de l'époque, Dominique Bijotat, ancien milieu de terrain de talent, se déplace fréquemment aux matches de l'équipe réserve et n'hésite vraiment pas longtemps avant d'intégrer Mané au sein de l'effectif professionnel. Nous sommes au mois de janvier 2012 et, pour la toute première fois, on découvre le nom du Sénégalais couché sur une feuille de match, face au Sporting Club de Bastia. « Ce qui m'a sauté aux yeux, c'est son explosivité et son coup de rein exceptionnel. Il est très bon techniquement, notamment sur le premier contact du ballon » (*Le Républicain lorrain*, janvier 2012). Pas de quoi, pourtant, associer ces débuts à une réussite. Car non seulement Mané cache à son entourage, et à ses dirigeants, qu'il joue blessé avec un début de pubalgie, et rien, de surcroît, n'arrête la descente aux enfers du FC Metz, relégué en National, l'équivalent de la troisième division, au terme d'une énième saison ratée. Rien, alors, ne laisse imaginer ce qui va suivre, déclenché, pour une fois, par la magie d'un agent de joueurs, celui de Sadio Mané en l'occurrence. Le 30 août 2012, alors qu'il s'apprête à rejoindre et affronter Quevilly avec les Grenats, les toutes dernières heures du mercato estival bouleversent le cours de sa vie. Une proposition du club autrichien du Red Bull Salzburg, alors conseillé par une figure disparue du football français, Gérard Houllier, à hauteur de 4 millions d'euros, convainc le FC Metz de le vendre. Sans même savoir où se situe cette ville d'Autriche (« Je ne savais pas où c'était, j'ai dû faire des recherches », déclare-t-il à *Onze Mondial*), Mané fonce et gagne plusieurs années d'apprentissage en une seule décision. Quarante-cinq buts, une première participation à la Ligue des champions et deux saisons plus tard, le voilà enfin courtisé par des clubs du top 5 européen, répartis entre la France, l'Angleterre, l'Espagne, l'Allemagne et l'Italie. Trop de sacrifices ont alors été effectués pour que le Lion de la Teranga ne franchisse pas une nouvelle étape. C'est donc en forte tête qu'il refuse de s'entraîner, et même de disputer un match avec le Red Bull, pour convaincre ses dirigeants de le lâcher. Au mois d'août 2014, deux ans après son départ de Metz, il s'engage cette fois avec les Saints de Southampton pour la coquette somme de 20 millions d'euros. L'Angleterre tout entière découvre peu à peu son talent, avant qu'il ne s'impose définitivement à elle et rentre dans l'histoire le 16 mai 2015 en inscrivant le *hat-trick* le plus rapide du championnat anglais avec trois buts inscrits en moins de trois minutes lors d'une rencontre face à Aston Villa (score final 6-1). Jurgen Klopp, alors entraîneur du Borussia Dortmund, a refusé quelques années plus tôt de signer Mané, mais ne se loupe pas, ou plus, lorsqu'il est nommé à la tête des Reds de Liverpool. « À l'époque, c'était un tout jeune homme, sa casquette de travers et déjà avec cette ligne blonde qu'il possède encore aujourd'hui. Il ressemblait à un rappeur qui débute. Je me suis dit que je n'avais pas le temps pour ça. Mon équipe était plutôt pas mal à ce moment et j'avais besoin de quelqu'un pour être remplaçant que je pourrais aider à se développer. J'ai plutôt un bon feeling avec les gens mais là j'avais eu tout faux. J'ai donc continué de suivre sa carrière et il a eu du succès à Salzbourg. À Southampton, il a simplement tout dominé ! » (*Daily Mail*, novembre 2020). C'est désormais l'Europe tout entière que l'enfant de Bambali domine. Fort d'un palmarès exceptionnel, constitué, entre autres, d'une Ligue des champions (2019), d'un titre de champion d'Angleterre (2020), d'une Coupe du monde des clubs et de nombreuses distinctions personnelles (Onze d'or, joueur africain de l'année, meilleur buteur de Premier League). L'histoire retient également que le Sénégal, qualifié pour la prochaine Coupe du monde, s'est adjugé sa toute première Coupe d'Afrique des nations au mois de février 2022 en disposant en finale de l'Égypte. Au terme d'une victoire 1-0 et d'un but inscrit sur pénalty par Sadio Mané. Lui et personne d'autre, on vous dit. Hier comme aujourd'hui.

ACHRAF HAKIMI, TOUT VU, TOUT CONNU

La comparaison est improbable, on vous l'accorde. Se plonger dans la littérature française, et se référer à une citation de l'un de ses plus grands auteurs, afin de présenter un footballeur marocain a en effet de quoi surprendre. Presque autant, au fond, qu'un succès du Luxembourg ou du Honduras à une Coupe du monde de football dans les années à venir. Et pourtant. À lire Beaumarchais, son *Mariage de Figaro* et sa célèbre tirade, « J'ai tout vu, tout fait, tout usé », on songe aussitôt à Achraf Hakimi, pas encore 24 ans et déjà bardé de trophées.

Si jeune, si discret, peut-être trop…, et déjà passé par les plus grands clubs de la planète. Un parcours rare, sinueux, et pour le moins original, débuté dans un pays qui n'est pas le sien avec des parents si pauvres que leur unique préoccupation a longtemps été de remplir l'assiette de leurs enfants matin, midi et soir. « Le quotidien de mon enfance a été très compliqué à vivre car nous étions vraiment pauvres. Ma mère nettoyait les maisons, mon père était vendeur ambulant. Ils ont toujours lutté pour gagner leur vie. Ils se sont sacrifiés pour que je puisse réussir. » (*El Chiringuito*, novembre 2019).

Évidence dénuée de tout jugement, et on l'a vu dans cet ouvrage, ce discours vaut presque refrain dans le monde du football. Seule exception, cette fois, Hakimi est un enfant de l'immigration, venu au monde en Espagne à la toute fin des années 1990 alors que ses parents étaient déjà installés à Madrid depuis une dizaine d'années. Plus précisément dans sa banlieue, à Getafe, ville connue des amateurs de ballon rond pour la présence continuelle de son club de foot lors des joutes de la Liga.

Le jeune, très jeune, Achraf n'attend pas longtemps pour partager, et en famille toujours, son unique obsession : intégrer les équipes de jeunes du Real Madrid. Pas le centre de formation, du moins pas encore, mais c'est chose faite dès 7 ans, sans que personne, alors, n'imagine un bail longue durée de 2006 à 2018. Douze années au cours desquelles le latéral, qui peut aussi bien jouer à gauche qu'à droite, patiente dans l'anti-antichambre des stars du club merengue. Compliqué, dans ce haut lieu de la concurrence, de se faire une place au soleil. De taper dans l'œil, ou encore de convaincre des entraîneurs stars, déjà couronnés de succès, tels Carlo Ancelotti ou Zinédine Zidane, guère pressés de modifier leurs plans tactiques, et les joueurs titulaires qui en découlent, afin d'intégrer une jeune pousse inconnue au bataillon. Hakimi, néanmoins, accomplit un premier choix fort à l'adolescence : opter pour la sélection marocaine et balayer d'un revers de main les avances de la Fédération espagnole. « Cette décision a été mûrement réfléchie, en discutant avec mes parents, ma famille. À la maison, nous regardions beaucoup de football marocain et suivions naturellement la sélection. Je regardais ces joueurs et pensais intérieurement : "Si seulement un jour je pouvais jouer pour l'équipe nationale." Je suis de culture musulmane, arabe, et lorsque tu baignes dans une culture, tu es plus habitué à certaines choses et te sens plus à l'aise à un endroit qu'à un autre. La décision s'est prise naturellement. » (*Jeune Afrique*, novembre 2021). Ce que le Marocain omet de préciser, c'est qu'il a été repéré dès l'âge de 12 ans par un scout opérant en Espagne et travaillant parfois avec la Fédération marocaine. Et qu'une fois son œil porté sur le joueur, comme il l'a expliqué au quotidien espagnol *Marca*, Rabie Takassa s'est investi comme rarement pour convaincre le clan Hakimi : « Je l'ai découvert en 2010 et je l'ai suivi depuis. Les responsables techniques de la fédération ont ensuite voyagé à Madrid pour le voir. Son choix du Maroc est une décision sans appel, une décision de cœur. Entre 2013 et 2015, il m'envoyait des centaines de messages pour me demander : "Quand est-ce qu'ils vont me convoquer ?" Il a toujours voulu représenter le Maroc. Sa famille est marocaine, ses parents sont très attachés au Maroc et, lui, très attaché à sa famille. »

Une première sélection en 2015, puis une autre, retentissante, avec l'équipe première des Lions de l'Atlas, alors dirigée par le sélectionneur français Hervé Renard. Achraf Hakimi n'a, tenez-vous bien, pas disputé un seul match avec le Real Madrid et le voilà déjà intégré en équipe nationale du Maroc. Un comble. « Je savais qu'il avait déjà évolué avec les jeunes du Maroc, se souvient Renard pour le site Goal. Nasser Larguet, actuel directeur du centre de formation de Marseille, était alors directeur technique national du Maroc et me l'avait recommandé. Durant les deux premiers stages, il a été très timide. Un peu trop d'ailleurs, mais ça peut se comprendre, car il était très jeune. Et puis à partir de la troisième fois, ç'a été de mieux en mieux. » À tel point qu'à 20 ans, et une année d'expérience, seulement, au niveau international, Hakimi dispute sa première Coupe du monde en Russie en 2018 avec les Lions de l'Atlas. Sans succès, puisque les Marocains se contentent d'un nul et de deux défaites, quittant la compétition par la petite porte dès les phases de poules. C'est également à l'été 2018 que le joueur voit sa carrière en club décoller. Enfin, serait-on tenté de dire, bien que la direction choisie ne soit pas vraiment celle privilégiée par le joueur et son entourage…

Achraf Hakimi, outre une Coupe du monde disputée, reste également sur une Ligue des champions remportée avec le Real Madrid. Pas vraiment en qualité de titulaire indéboulonnable, mais avec 17 apparitions, tout de même, dans l'équipe de Zinédine Zidane toutes compétitions confondues. Un privilège pour les uns, un cache-misère pour Hakimi, ce dernier ayant bien conscience que les deux inamovibles latéraux sont Dani Carvajal et le Brésilien Marcelo. Hakimi sait également qu'il n'est enfin apparu dans l'équipe qu'en raison des problèmes cardiaques décelés chez Carvajal en début de saison et que son autre remplaçant, Nacho, avait davantage les faveurs du technicien. Pas vraiment de quoi vous inciter à rester en Espagne, et ce malgré d'évidentes qualités techniques et une rapidité d'exécution qui commence à séduire l'Europe. Lorsque Zidane, cet été là, tire sa révérence et décide de quitter le banc de touche madrilène, un entraîneur suisse, Lucien Favre, officiant en Allemagne, au Borussia Dortmund, prend donc son téléphone et sonde Zizou sur l'avenir à court terme du Marocain. « J'avais appelé Zidane au moment où il est arrivé, et il m'avait dit que malgré son potentiel, il était encore un peu trop tôt pour jouer avec eux » (*So Foot*, septembre 2021). Le successeur de Zidane, Julen Lopetegui, ne devine pas non plus l'immense potentiel d'Hakimi et se contente donc, sage décision autant sportive que politique, de laisser Carvajal et Marcelo à leur place de titulaire. Hakimi fait aussitôt ses valises et rejoint la Bundesliga, à l'été 2018 donc, auréolé tout de même d'une Coupe du monde et d'une Ligue des champions.

Lucien Favre ne regrette pas son choix, doux euphémisme. Ni ses appels téléphoniques auprès de Zidane et de Renard afin de valider un prêt de deux saisons. À peine débarqué, Hakimi s'impose titulaire et accumule les solides prestations. À tel point qu'il est élu meilleur espoir africain pour ses performances en 2018, qu'un classement le recense parmi les 50 meilleurs jeunes joueurs du monde et qu'une légende du football allemand, Lothar Matthäus, vante ses qualités, en public, sur les ondes de Sky News Allemagne : « Il est le meilleur arrière gauche du championnat allemand. Il vient de jouer une demi-saison folle avec le Borussia Dortmund. Le sélectionneur allemand, Joachim Löw, serait heureux s'il avait un joueur aussi dynamique et rapide dans son équipe. » L'éloge est retentissant, forcément. Pas suffisant pour retourner à Madrid dans les mois qui viennent mais décisif quant à la volonté du joueur de continuer à glaner des titres et évoluer au plus haut niveau. Au terme de ses deux saisons à Dortmund, de ses 73 matches joués et 12 buts inscrits, Hakimi espère encore et toujours un signe des dirigeants madrilènes. Qui ne viendra pas, ni de Florentino Perez, le président, ni de Zinédine Zidane, entre-temps revenu sur le banc de touche du mythique club espagnol. À croire que les relations entre les deux hommes ne se limitent pas aux seuls critères sportifs et qu'Hakimi, décidément prêt à tout vivre, tout connaître dès son jeune âge, est vendu pour des raisons financières. Zinédine Zidane confie à l'époque : « Je ne dis pas que je ne suis pas intéressé par la situation d'Achraf, mais c'est la situation du club et nous verrons ce qui se passera. Il y a deux choses : la partie économique et la partie sportive. » Hakimi, lui, se passe volontiers de toute critique envers l'ancien numéro 10 des Bleus. Trop de respect, sans doute, pour le joueur et l'entraîneur qu'il a été. Trop de langue de bois dans un univers aujourd'hui aseptisé. « J'ai tellement appris de Zidane. Ce qui s'est passé cet été-là n'a rien à voir avec lui. D'autres éléments, notamment liés au Real Madrid, m'ont fait partir. À ce moment-là, j'ai eu une conversation avec lui qui restera entre nous. Madrid ne pariait pas sur moi, même si je pouvais continuer à jouer à un haut niveau. Quand je suis parti pour l'Inter après avoir été transféré, il y avait aussi une option d'achat de Madrid et ils ne l'ont pas exécutée non plus. Je pense que Madrid ne voulait pas parier autant sur moi que d'autres clubs. » L'agent du joueur, Martin Camaño, prend beaucoup moins de gants une fois le transfert à l'Inter Milan acté pour près de 40 millions d'euros. Et peu importe que Zidane soit un nom imposant dans l'univers du ballon rond : « Zidane est la raison du transfert de Hakimi à l'Inter Milan. Il doit expliquer pourquoi Hakimi est parti. Je ne pense pas qu'un retour au Real Madrid était opportun vu la présence d'un joueur comme Dani Carvajal, mais je suis certain que l'avenir d'Hakimi sera lumineux après ce bond en avant. L'entraîneur [Antonio Conte] était en contact permanent avec Hakimi, il lui parlait du projet au club, alors nous avons décidé de faire ce transfert à l'Inter. Je pense que lorsqu'un entraîneur de haut niveau comme Conte vous contacte et est vraiment déterminé à vous avoir dans son équipe, c'est la preuve que vous êtes une partie importante de ce plan. »

Un an plus tard, sous la férule du réputé maître tacticien Antonio Conte, Achraf Hakimi soigne ses statistiques personnelles avec 45 matches au compteur, toutes compétitions confondues, et un titre de champion d'Italie. L'Europe du foot, en dépit du Covid-19 et de ses stades vides, ne reste plus du tout insensible aux qualités d'un joueur hors norme, boudé par le club qui l'a formé, et déjà vainqueur de plusieurs titres. À tel point que le Paris Saint-Germain, et son directeur sportif brésilien, Leonardo, se fait un devoir de le racheter au club milanais pour plus de 70 millions d'euros, bonus compris. Achraf Hakimi fait désormais le bonheur d'un club français qui, magie du football et ironie de l'histoire, a éliminé cette saison en Ligue des champions le Real Madrid. Heureusement, Zinédine Zidane n'était pas sur le banc de touche pour se consumer en regrets…

WAHBI KHAZRI, L'AIGLE DÉTERMINÉ

Le parcours est sinueux, on vous l'accorde. Du moins dans sa lecture. La perle d'Afrique est née en France, a grandi en Corse et toujours porté les couleurs de clubs de l'Hexagone, à l'exception d'une écurie anglaise. La Tunisie, c'est pour Wahbi Khazri les origines de son père, ainsi que des vacances d'été chaque année. Un choix, également, pris à 22 ans lorsque l'attaquant du Sporting Club de Bastia décide de se muer en Aigle de Carthage et non en espoir de l'équipe de France. Un match seulement, et amical, avec les uns, 69 sélections et un statut de taulier avec les autres, on a connu pire décision. Et lu de plus mauvaises explications. « Je me sens corse, je suis né en Corse, j'ai la culture de là-bas. C'est une terre très accueillante, très chaleureuse. Mais j'ai des racines tunisiennes par mes parents. C'est fort de jouer pour la Tunisie, le pays de mon père. Ce sont mes racines. Quand je vois la ferveur à l'occasion de nos matches, c'est encore plus motivant. Dans certains pays africains, le seul bonheur que l'on peut avoir, c'est le football. Si on peut mettre ça de côté et faire vivre de bons moments au pays, c'est encore plus réjouissant. C'est pour cela que l'on joue au football, pour rendre les gens heureux » (Agence France-Presse, janvier 2022).

Le football a toujours été pour les Khazri une affaire de famille. En mode téléspectateur pour le père, en mode pratiquants pour les fils. C'est d'ailleurs au contact et sous l'inspiration quotidienne de la fratrie, que Wahbi effectue ses premières armes. En bas des quelques tours et autres immeubles de la résidence A Mandarina à Ajaccio.

On est loin des plages de sable fin et du décor idyllique propre à la Corse. Plutôt sur des terrains de foot qui n'en sont pas, du bitume en bas du domicile, du béton au lycée Finosello, quelques plaques d'herbe entre les immeubles, et même, tenez-vous bien, un terrain en L, comme le raconte un ami de la famille, Anthony Bernardi, au quotidien *Corse-Matin* : « Une équipe jouait en montant, l'autre en descendant, et les deux goals ne se voyaient pas. Le terrain était tout de même baptisé Old Trafford ! » Autre théâtre des exploits, le stade du Binda, sans herbe bien entendu et stabilisé, qui accueille tous les matches de la Jeunesse sportive ajaccienne (JSA). Wahbi y prend sa première licence à 4 ans et n'en part qu'à 13, lorsque les sirènes du monde professionnel retentissent. Mais avant Bastia, et son incontournable Sporting, il y a le souvenir d'un gamin attachant et résolument obstiné. Francis Thierry, son entraîneur de l'époque : « Toute sa technique, il l'a travaillée sur les terrains. Apprendre la gestuelle du foot, surtout les contrôles, c'est plus difficile là-dessus, alors on est plus concentré. » Son frère, Foued : « La rue, ça forge un caractère. Il ne faut pas se laisser faire pour s'imposer et ne pas se faire marcher dessus. Il se contentait de marquer des buts. Quand il perdait, il ne le prenait pas spécialement mal. Mais dans les quartiers, celui qui gagnait restait sur le terrain. Je l'ai souvent engueulé, ça lui est même arrivé de rentrer en pleurant. Notre mère n'était pas contente, elle ne voulait plus qu'on joue au foot ensemble. Mais au fur et à mesure, il a acquis cette mentalité de compétiteur, je pense que ça vient aussi de ces moments au quartier » (*So Foot*, novembre 2021).

Le court voyage Ajaccio-Bastia échappe à toute forme de déracinement et c'est un Khazri toujours aussi volontaire qui intègre, à 13 ans, le centre de formation du club phare de l'île. Au pôle espoirs, tout d'abord, puis dans des équipes de jeunes et dans l'antichambre de l'équipe professionnelle, en CFA. Alors entraîneur du club, Bernard Casoni accorde une toute première cape à Khazri au mois de février 2009, lors d'un déplacement victorieux à Amiens. À 18 ans, il n'en bougera plus et signera même dans les mois suivants son premier contrat professionnel. Troisième, seconde, première division, Khazri passe par tous les étages, toutes les étapes, convaincu, à un moment où à un autre, que son épanouissement personnel ne peut être atteint sans quitter l'île. Le cap est franchi à l'été 2014, direction Bordeaux et les Girondins, avec cette envie persistante d'aller plus haut, plus loin : « Je viens d'un club à qui je dois beaucoup, qui m'a formé et où j'ai passé neuf années exceptionnelles. Bordeaux est un club d'une autre envergure qui a d'autres ambitions. J'espère pouvoir franchir ce cap et viser très haut. J'ai beaucoup d'ambitions et je ne me fixe pas de limites. C'est un super challenge. L'objectif pour moi c'est qu'on soit et que je sois à la hauteur de ce défi. »

Il n'y en aura pas qu'un à son programme. Car après Bordeaux, et une relative réussite avec 14 buts et 12 passes décisives, il réalise un « rêve » et rejoint « un super challenge », en traversant la Manche, direction la Premier League et le club de Sunderland. Résultat ? Un échec, un vrai, avec 4 petits buts en 42 matches disputés, et l'envie, persistante, de chercher ailleurs le meilleur rendement possible. Ce ne sera pas au Stade rennais, le club suivant, en dépit d'un statut d'implacable buteur qui prend forme, mais avec l'Association sportive de Saint-Étienne, qu'il rejoint pour quatre ans en 2018. Dans le Forez, Khazri n'a de cesse de faire du Khazri. Consciencieux, irréprochable sur le terrain, sûr de lui en dehors. Et parfois écarté pour de sombres raisons financières, l'endettement des Verts contraignant le club à vouloir vendre ses plus gros salaires. Soutenu par les siens, ainsi que par ses partenaires et la majeure partie des supporters, le Tunisien se rend indispensable. Artificier numéro 1, ou buteur exceptionnel à l'image de sa frappe victorieuse de 67 mètres sur le terrain du Football Club de Metz pour des images d'un lob ahurissant qui font le tour du monde, Khazri tente (toujours) par tous les moyens d'éviter au peuple vert la descente en Ligue 2.

Khazri qui fait du Khazri, c'est surtout quand on lui montre que l'on tient à lui, comme le raconte Éric Bédouet, formateur historique des Girondins de Bordeaux qui a eu l'attaquant sous ses ordres : « Wahbi, quand ça marche bien avec l'entraîneur, il donne tout, il y va à fond et il est fantastique. Si on ne l'aime pas, ça ne marche pas bien. Wahbi a besoin de ça. Il a besoin qu'on l'aime, qu'on compte sur lui. Quand il a tout ça, il est insaisissable. Il peut faire la différence à tout moment. C'est ça, les joueurs d'exception, ils ont quelque chose de différent des autres. Il y a des joueurs, on sait qu'ils vont être là dans les grands matches. Lui en fait partie. Il est tout le temps en train de rigoler et de faire des blagues. C'est génial d'avoir un joueur comme ça. Ça déride un peu parce qu'on est dans un milieu stressant, ça ne fait pas de mal de voir des gens qui ont cette approche-là » (*So Foot*, novembre 2021). Pour Nabil Maaloul, ancien sélectionneur de la Tunisie, « Wahbi, c'est un affectif, il a besoin de se sentir aimé. Saint-Étienne a fait de gros efforts pour le recruter, et Wahbi y a été sensible. Comme c'est un garçon qui ne triche pas, il donne beaucoup en retour » (Eurosport, février 2019).

Des certitudes et un état d'esprit qui, loin du championnat de France, ont également permis au Tunisien de se rendre indispensable auprès de ses différents sélectionneurs. Au mois de décembre 2012, bien avant qu'il explose au plus haut niveau, Sami Trabelsi s'était déplacé en personne sur l'île de Beauté et avait convaincu l'Ajaccien de rejoindre les Aigles de Carthage. Un dialogue constructif, placé sous le signe de la confiance, qui a fait de Wahbi Khazri, à ce jour, le deuxième meilleur buteur du football tunisien. Pas étonnant, dès lors, que les plus fidèles soutiens des Aigles, au pays comme dans le reste du monde, se soient tous attachés et identifiés à un attaquant qui n'a jamais évolué dans leur pays. Son ancien coéquipier en sélection Hocine Ragued répond à l'hebdomadaire *France Football* en 2019 : « Son engagement sur le terrain, les Tunisiens aiment ça. On n'a pas une équipe avec énormément de talent, alors la première chose à faire c'est de se battre. Il se tue pour ce maillot-là. Les supporters ne sont pas bêtes. Il se tue sur le terrain et il véhicule une bonne image de la Tunisie à l'étranger, les supporters tunisiens sont fiers de l'avoir. J'ai connu Wahbi très tôt, quand il est arrivé en équipe nationale, je suis aussi franco-tunisien, on était très souvent ensemble. Malgré sa belle carrière, il n'a jamais pris la grosse tête, il n'a jamais changé, c'est très appréciable. »

Suffisant pour faire bonne figure au Qatar ? Pas nécessairement, et notamment en raison du tirage au sort avec un groupe D relevé en présence de l'équipe de France, du Danemark et d'un troisième adversaire issu des barrages. Rien ne dit que la Tunisie, pour sa sixième participation à la Coupe du monde, passera le premier tour. Mais déjà une certitude, l'ancien de la Jeunesse sportive ajaccienne ne boudera pas son plaisir d'être sur les pelouses et donnera tout. Question de principes, toujours, et de mentalité. « Je ne triche pas, je donne tout, et je pense que les gens le ressentent. Je sais ce que je vaux. J'ai mes défauts, mais je donne toujours le maximum pour le club dans lequel je suis. Partout où je passe, j'essaye de transmettre certaines valeurs, de démontrer chaque jour combien c'est important de ne pas tricher. L'union dans un club, c'est essentiel pour avancer. C'est dans les moments difficiles que tu vois une famille. Attention, on ne peut pas aller contre le regard des autres. Moi sous-coté ? Oui, parce qu'il y a eu des moments où je faisais de bonnes choses et j'avais le sentiment de ne pas être utilisé à ma juste valeur. Je ne crois pas être un feu de paille. On me demande d'être décisif, de marquer, d'aider à marquer, je pense l'être » (*France Football*, novembre 2019).

ILS VONT TANT NOUS MANQUER

Ballons capricieux ou destins contraires, seul le résultat compte, affiché à la une de la planète foot pour laisser béante la cicatrice du rendez-vous raté. Ils ont failli et ils le savent. Ils ruminent et doivent désormais faire face à cette conséquence inéluctable : la Coupe du monde se déroulera sans eux.

Zlatan Ibrahimović, Riyad Mahrez ou encore Marco Verratti, pour ne citer qu'eux, ne font pas figure d'exception. Bien au contraire. Alfredo Di Stefano, légende éternelle du Real Madrid, ne l'a jamais disputée. Pas plus avec l'Argentine qu'avec l'Espagne. Le Portugais Eusébio a loupé l'édition 1970, Johan Cruyff, le Néerlandais volant, celle de 1978. Plus près de nous, Jean-Pierre Papin et Éric Cantona n'ont jamais vécu le rêve américain, en 1994, victimes, comme tant d'autres, du cauchemar bulgare en match (raté) de qualification.

Aucune raison, dès lors, que la 22e édition échappe à la règle et que le Qatar, réputé généreux, offre son ticket de bienvenue à toutes les stars attendues. Certaines, et elles le savent, n'auront plus jamais l'occasion de tutoyer le Graal. Question d'âge, bien entendu, ou de sensations. D'autres, plus jeunes et à qui la nature a offert trop de talent, calculent déjà le temps qu'il leur reste avant le prochain rendez-vous, en 2026, pour une nouvelle formule à 48 équipes, organisée conjointement aux États-Unis, au Canada et au Mexique : 16 nations de plus et forcément moins de stars sur le carreau. Juteux pour le business du foot et une aubaine pour les transis du ballon rond qui, on l'espère, n'auront pas à revenir sur le parcours des grands absents. Ils sont ci-après et vont réellement nous manquer.

ZLATAN IBRAHIMOVIĆ, L'ARROGANCE POUR SEUL MOTEUR

Il aura, quoi qu'il advienne, marqué son époque. Par son jeu, ses phrases chocs et ce foutu caractère qui ont contribué à sa renommée. À tel point qu'on ne sait pas, ou plus, par quoi débuter au moment de s'attarder sur Zlatan Ibrahimović. Le réduire à ses coups de gueule serait simpliste, voir injuste, et au mépris total de son palmarès, si fourni, et des clubs prestigieux dans lesquels il est passé. Se focaliser sur ses buts ne fournirait pas d'explication tangible à son inexorable réussite. Quant à sa vie actuelle, accomplie et scrutée par tous les fans, elle ne peut être dissociée de son enfance, douloureuse, pénible, et si importante dans la construction du personnage.

Ibrahimović est devenu Zlatan au gré des coups durs, des humiliations et de son quotidien d'enfant dans la banlieue défavorisée de Malmö. Cadre lugubre, dans le quartier de Rosengård, sorti de terre à la toute fin des années 1960 pour accueillir une population d'immigrés. Mère croate, et catholique, père bosniaque, et musulman, les parents divorcent alors que l'enfant n'a pas encore 2 ans. Rien d'exceptionnel jusque-là, sauf qu'Ibrahimović mère, femme de ménage à l'agenda bien rempli, laisse sa fille vendre de la drogue et tape fréquemment ses deux enfants à coups de cuillère en bois. Les services sociaux interviennent et placent donc les enfants chez le père, concierge de profession au penchant avéré pour l'alcool, qui ne se remet pas de la guerre en ex-Yougoslavie. Livré à lui-même, écorché vif, bagarreur, le jeune Ibrahimović est déjà connu des services de police pour vols répétés de vélos et feux d'artifices dans les boîtes aux lettres. Plus discret en ce qui concerne la pratique du football, qui n'offre guère, du moins au début, de réels débouchés. Après des débuts au FC Rosengård, il rejoint le FTK Balkans, avant d'être repéré, à 15 ans seulement, par le grand club de la ville, le Malmö FF. Insolent ou simplement provocateur, Zlatan ne laisse alors à personne le soin de le présenter, et surtout pas à son entraîneur du moment. Face à ses coéquipiers, pour son premier entraînement, le présomptueux s'affiche : « Retenez bien mon nom et mon visage. Je m'appelle Zlatan Ibrahimović et je vais devenir le meilleur joueur de foot du monde. »

Ce n'est pas immédiat, loin de là. Passé le centre de formation de Malmö, il devient professionnel à 18 ans, encore et toujours tourmenté par les affres de la jeunesse et le racisme ambiant. Ibrahimović en est convaincu : personne ne l'aime et ce pour une raison précise : « Je n'avais pas un nom typiquement suédois, ni le faciès qui allait avec. J'étais un étranger. J'ai eu un incident lors d'un entraînement. J'ai pris un tacle et ça m'a énervé, j'ai frappé le mec. Son père était officier de police... il a écrit une lettre au club pour que je sois renvoyé. Il a montré sa lettre à tous les joueurs de l'équipe, je n'étais au courant de rien. Il leur a demandé de signer pour que je sois mis dehors. Je n'étais qu'en équipe junior. Tu peux imaginer ce que j'ai ressenti quand je l'ai appris. C'est comme si j'étais incapable de m'intégrer. J'étais le mouton noir. Ils n'acceptaient ni mon attitude, ni ma personnalité. Je ne me suis jamais senti le bienvenu. J'étais différent. J'avais un visage différent, je n'étais pas blond. Je n'avais pas la peau blanche des Suédois. J'ai souffert dans le sens où c'était plus difficile pour moi que pour les autres. Je devais en faire dix fois plus pour être remarqué » (Canal+, janvier 2018).

Remarqué, il l'est en effet, par une figure du foot néerlandais, Leo Beenhakker, alors entraîneur de l'Ajax d'Amsterdam. Cela se passe lors d'un tournoi de pré-saison, un an avant qu'Ibrahimović rejoigne officiellement les Pays-Bas. Beenhakker, sous le charme de l'insolent Suédois, fait face, et sans le savoir, à la concurrence des Gunners d'Arsenal, et de son technicien français, Arsène Wenger, qui attend Ibrahimović à Londres pour que ce dernier passe un test avant de signer son contrat. Peine perdue, « Zlatan ne fait pas de test », assure le joueur, et reste donc une saison de plus dans son pays natal avant de rejoindre les Pays-Bas. Leo Benhhakker :

« Il avait 19 ans quand je suis allé le voir. J'ai eu mes premiers entretiens avec lui et j'ai réalisé que j'avais affaire à un vainqueur absolu. Les membres du conseil d'administration d'Ajax m'ont demandé dix fois si j'étais sûr de vouloir dépenser 8 millions d'euros pour un jeune joueur d'un quartier difficile de Malmö. J'ai dit : "Oui, oui, oui." Je savais que c'était un personnage difficile quand nous l'avons trouvé en Suède. Mais donnez-moi onze joueurs avec un personnage difficile, et je serai champion de n'importe quelle ligue. J'ai vu la mentalité gagnante dans les yeux de ce garçon au moment où je l'ai rencontré » (*The Telegraph*, mars 2016).

À Amsterdam, trois saisons durant, Ibrahimović fait parler de lui. Un peu, beaucoup, passionnément. Sur et en dehors des terrains. Il marque 48 buts en 110 matches, toutes compétitions confondues, s'injurie avec son partenaire, l'Égyptien Mido, qui lui envoie une paire de ciseaux en pleine tête après s'être fait insulter devant tout le vestiaire. Détruit la cheville de son propre partenaire de club, Rafael van der Vaart, lors d'un match amical Suède-Pays-Bas au mois d'août 2004, et n'oublie surtout pas, de temps à autre, de revenir dans son quartier d'enfance, Rosengård. Son cousin, Selman Yalçin, se rappelle : « Zlatan a toujours été très orgueilleux, fier, têtu. Il tient ça de son père. À Rosengård, Zlatan se baladait toujours avec un ballon sous le bras. Un jour, alors qu'il avait 16 ans, trois gars plus âgés lui ont piqué son ballon et l'ont crevé avec un couteau. "Vous verrez ce que vous verrez", leur a dit Zlatan, les larmes aux yeux. Quelques années plus tard, alors qu'il venait de signer à l'Ajax Amsterdam et gagnait bien sa vie, il est revenu à Rosengård avec une Ferrari rouge. Il est retourné voir ces gars-là, qui ne se souvenaient plus de lui. Mais Zlatan, lui, se rappelait de tout. Il leur a alors donné deux ballons, leur a montré la Ferrari et leur a dit : "Voyez ce que vous avez fait avec votre couteau ! Le football est ma vie. Vous, vous êtes toujours ici. Moi, regardez ce que je suis devenu grâce à mon ballon…" » (*Ouest-France*, novembre 2015).

Premiers titres de champion des Pays-Bas (2002, 2004) avec l'Ajax, matches de Ligue des champions et parcours soutenu avec la sélection suédoise, Ibrahimović se fait peu à peu connaître dans toute l'Europe. Et c'est presque logiquement qu'il franchit un cap, en 2004, à 23 ans, en rejoignant, et pour 16 millions d'euros, la prestigieuse Juventus Turin. Le bilan comptable n'est en rien exceptionnel avec une première saison aboutie, 16 buts en 35 matches, mais une seconde beaucoup plus pauvre (7 buts seulement). Là encore, les souvenirs de ceux qui l'ont croisé sont marquants. À commencer par Fabio Capello, son entraîneur à la Juventus, qui, comme lui, partira du club italien après deux années sur le banc de touche en raison de matches truqués et de la relégation du club en Série B : « J'ai choisi Ibra quand j'étais encore entraîneur de la Roma. Avec le ballon, il faisait ce qu'il voulait. Dès mon arrivée à la Juve, je ne voulais que lui pour renforcer l'attaque. Il ne savait pas tirer au but et sortir de la tête : sur ces deux aspects, Italo Galbiati, mon adjoint technique, a beaucoup travaillé. Je me souviens que Mino Raiola est venu me voir en disant : “Ibra casse les mains des gardiens de but”, et je lui ai répondu que, jusque-là, la seule chose qu'il avait cassée, c'était les fenêtres du gymnase. Chaque jour, il essayait de s'en tirer, je le rappelais et il repartait s'entraîner sur les coups » (*Sportweek*, janvier 2022).

Le géant suédois, parti de Turin avec une déclaration cinglante (« Depuis tout petit, j'ai toujours dit que l'Inter était mon équipe préférée en Italie »), demeure donc dans le Calcio et choisit de s'épanouir à l'Inter Milan, trois saisons durant, avec, cette fois, une remarquable régularité et un caractère qui font l'admiration de ses partenaires. Zlatan est une gueule, une vraie et une grande, qui le confirme sur le terrain (66 buts en 117 matches avec l'Inter) et ne doute en rien de ses qualités. Ainsi, quelques semaines avant de rejoindre l'Espagne, il lâche dans le vestiaire : « C'était très sympa de jouer avec vous, mais sans moi, vous ne gagnerez plus rien. »

Tout autre ambiance dans celui du FC Barcelone, qui, en 2009, verse une somme record de 43 millions d'euros et lâche son attaquant Samuel Eto'o pour convaincre l'Inter de vendre son joyau. En Catalogne, Ibrahimović a tout pour réussir : le talent, un public important et prêt à aduler sa nouvelle star, ainsi que des coéquipiers talentueux, comme Lionel Messi, Xavi ou Andrés Iniesta. Rien ne se passe comme prévu et l'aventure tourne au fiasco. Ce qui pousse Zlatan à régler ses comptes dans son autobiographie. « Le vestiaire du Barça est gentillet. Messi, Xavi et Iniesta sont comme des élèves à l'école, ils obéissent sans jamais ouvrir la bouche. Moi je suis un type qui aime les gens qui grillent les feux rouges ! Guardiola m'a dit : "Au Barça il faut rester les pieds sur terre, il faut faire profil bas, on ne vient pas à l'entraînement en Porsche ou en Ferrari." Mais ce n'est quand même pas le club qui va décider quelle voiture je conduis ! Moi, je conduis comme un fou. Une fois, en Espagne, j'ai conduit à 325 km/h avec les flics au cul et je les ai lâchés ! Guardiola a préféré se contenter de Messi sans même daigner me regarder. Je lui ai dit que j'étais une Ferrari et qu'il me conduisait comme une Fiat. À partir de là, il ne m'a plus calculé. Quand Messi a commencé à l'ouvrir et a demandé à avoir un autre rôle sur le terrain, Guardiola l'a suivi. Pour moi c'était fini." » (*Je suis Zlatan Ibrahimović*, 2011).

S'attaquer aux plus grands est une constante dans la carrière d'Ibrahimović. Et peu importent les statuts, les propos ou les remous que cela provoque. Zlatan est ainsi : sans filet, sans calcul, incapable d'être apprivoisé par quiconque, de l'Italie à la France, du Milan AC au PSG, du Barça à Manchester United. En France, justement, il montre ses deux facettes habituelles : le génie sportif avec une kyrielle de buts, 156 en 180 matches, et l'attirail de l'odieux prétentieux avec des scuds détonants comme celui lâché un jour de match (perdu) à Bordeaux : « Ça fait quinze ans que je joue au foot et je n'ai jamais vu un arbitre aussi nul dans ce pays de merde. Ce pays ne mérite pas le PSG. » En toute modestie, toujours, Zlatan publie un ultime message avant de quitter la capitale française : « Je suis arrivé comme un roi, je pars comme une légende. » Il l'est, assurément. Qui doit toutefois composer avec deux tâches indélébiles, deux manques à jamais gravés dans sa carrière : Zlatan Ibrahimović ne s'est jamais installé sur le toit de l'Europe, ni sur celui du monde. Et le rendez-vous qatarien se déroulera même sans lui. Un regret pour lui, sans doute. Pour nous, plus certainement.

Car Zlatan se nourrit-il seulement d'exploits sportifs ? On en doute, à lire cette confidence de David Lagercrantz, auteur suédois qui a écrit avec le joueur *Moi, Zlatan Ibrahimović* : « La première fois que nous nous sommes rencontrés dans un hôtel, en Suède, il avait participé à une soirée dans une boîte à Milan. La première chose qu'il m'a dite, c'est : "David, est-ce que tu crois en Dieu ?" Ça m'a surpris, je me suis demandé s'il était croyant, s'il voulait parler de religion. Je ne crois pas en Dieu, mais je lui ai répondu que je ne savais pas. Après ça, il m'a dit : "Si tu ne crois pas en Dieu, tu ne crois pas en Zlatan." J'ai répondu que, bien sûr, je pouvais croire en lui. Et il m'a balancé un "NON, car Dieu m'a envoyé à Rosengård [sa ville natale, NDLR] pour jouer au football." » Tout est dit.

MARCO VERRATTI, CATÉGORIE HORS NORME

Les qualificatifs à son sujet résistent au temps et reviennent avec insistance : indispensable, talentueux, régulier, fêtard, capricieux, eu égard à son attitude, parfois déraisonnée, avec le corps arbitral. On pourrait, quant à nous, rajouter extra-ordinaire, et bien en deux mots, sans que cela ait un quelconque rapport avec son talent balle au pied.

Car le parcours de Marco Verratti, cet artisan du contre-pied qui ne fait jamais rien comme tout le monde, se conjugue au mode hors norme. Un rêve assouvi d'être devenu footballeur professionnel ? Pas vraiment, non, l'Italien se voyait… barman ! « Dans mon enfance, je trainais souvent au bar de mon petit village. Je regardais le barman et je l'enviais. Il travaillait et prenait derrière le comptoir des choses gratos, comme à boire et à manger. J'ai toujours voulu être à sa place. » Une méconnaissance totale des tribunes des stades et des supporters, à l'instar de 90 % des joueurs professionnels du monde entier ? Non plus, Verratti était un ultra, pur et dur, qui partait en car assister aux matches de l'équipe de son cœur, Pescara, alors en troisième division italienne. Le parcours habituel du footeux, confronté aux détections et passé par un centre de formation ? Non plus. À l'âge de 15 ans, alors que le prestigieux Milan AC lui fait la cour et lui propose d'intégrer ses équipes de jeunes, Verratti dit non. Et s'explique, des années plus tard, sans que cela le surprenne de… surprendre. « On raconte qu'à 13 ans, j'ai refusé le Milan AC parce que j'étais fan de la Juventus Turin. C'est une légende. La vérité est plus simple : je jouais avec Pescara à Milan. À la fin, les dirigeants rossoneri sont venus dans le vestiaire. Ils voulaient que je reste avec eux, à Milan. C'était totalement imprévu. J'ai préféré rentrer à la maison. Mon rêve à ce moment-là, c'était de jouer pour l'équipe de ma ville, pas dans une autre galaxie. Quand tu es jeune, tu as des objectifs plus modestes » (*Journal du dimanche*, décembre 2013).

Modeste et simple, Verratti. À l'image de son enfance, et de son village, Manoppello, 7 000 habitants tout au plus, situé entre mer et montagne, dans les Abruzzes, province de Pescara. Modeste et simple, à l'image de sa famille, père employé de la fonction publique, dans l'administration fiscale, mère au foyer et frère aîné (Stefano) prêt à couver Marco afin de lui faire passer les étapes et le faire jouer au ballon dans le couloir de la maison familiale. Plutôt rare, et notamment en Italie, le ballon rond n'est en rien une religion pour les Verratti. Ni pour le père, ni pour ses deux fils. Juste un passe-temps, qui conduit donc le jeune Marco à tâter du cuir dans le club local de Manoppello. Rien, alors, ne permet d'envisager un avenir radieux, l'unique commentaire au sujet du jeune Marco étant sa taille préoccupante. L'un de ses tout premiers entraîneurs, Giorgio Repetto, interrogé par le site Rue89, n'a rien oublié : « Figurez-vous qu'à l'époque on m'avait même demandé de calculer une prévision de croissance à son sujet. Les médecins avaient affirmé qu'il pouvait atteindre 1,70 m. Mais j'ai très longtemps été le seul à croire en lui. Lors des tests à Vérone, à Milan, ou encore pour l'AS Rome, il était un phénomène. Une foule de joueurs deux fois plus grands couraient après lui sans réussir à lui piquer le ballon. »

Guère suffisant pour intéresser quiconque, ce qui tombe plutôt bien au regard du tempérament du garçon, déjà hors norme, et pas pressé, surtout, de quitter ses amis et de renoncer au bon temps dans son village natal avec sa petite amie. Il faut attendre l'âge de 14 ans pour que le football soit davantage qu'un loisir. Dans la région, qui ne compte aucun club de renom, il se murmure qu'un petit milieu de terrain au fort potentiel ne demande qu'à être bichonné. Et comme le club le plus proche, Pescara, vient aux renseignements, le clan Verratti n'hésite pas. Trente kilomètres, seulement, séparent la grande ville du village. Pas de déracinement en vue. À tel point qu'au terme de ses deux premières saisons avec Pescara, et des solides performances qui en découlent, le plus jeune des deux frères Verratti envoie balader le Milan AC. L'idée de quitter les siens le terrorise. Et peu importe que le club lombard soit l'un des plus prestigieux du football européen. Son frère, Stefano, raconte : « Dans un bureau de Milan, juste avant de passerla visite médicale, Marco s'est mis à pleurer. Il ne voulait plus quitter Pescara. C'était sa ville, sa région. Je lui ai dit : "Tu es fou, ce genre de train ne passe pas deux fois." Finalement, il a sans doute bien fait. »

Refaire l'histoire ne coûte rien, surtout quand la réussite s'inscrit en épilogue. Car à cette époque, adolescent et pas encore formé, Marco Verratti sait que les charges de travail occasionnées à l'entraînement et en matches sont insupportables. Trop petit, trop frêle, trop souvent blessé, l'apprentissage est douloureux. « J'ai commencé chez les professionnels, à Pescara, à l'entraînement, alors que j'avais à peine plus de 14 ans. Je faisais le même travail que des mecs de 30 ans. Je n'étais pas formé physiquement. J'étais encore plus petit que maintenant. Mais je faisais les mêmes exercices que maintenant. Mon corps a souffert, oui. » Verratti n'a pas 14, mais 15 ans et demi lorsqu'il effectue ses grands débuts professionnels à Pescara. En troisième division, à l'abri des regards et sans trop de pression. Son entraîneur de l'époque, Giuseppe Galderisi, balaie le jeune âge du joueur, tout en admettant les limites physiques de celui qu'il a vite considéré comme un crack. « Tout le monde me disait qu'il était trop jeune, et qu'il n'était pas prêt. Mais il avait une grosse personnalité et beaucoup de talent... Je suis d'accord avec Trapattoni, un entraîneur italien : si un joueur est bon, il joue, quel que soit son âge. Il a des qualités footballistiques exceptionnelles. Quand je l'entraînais, on avait toutefois besoin de contrôler son temps de jeu parce qu'il avait des problèmes de croissance. Nous avons travaillé sur ce point avec lui. Pescara l'a aidé à se soigner. Après chaque entraînement, il avait des soins car il avait toujours des douleurs. Quand il jouait, je le faisais souvent sortir avant la fin de la rencontre pour le préserver » (site Goal). Un mal récurrent, sur lequel on reviendra, qui n'empêche pas le lutin de s'installer dans l'effectif sur le long terme. En

2008-2009, il participe à huit rencontres, sept la suivante, alors que Pescara remonte en seconde division italienne. En 2010-2011, Marco Verratti s'habitue enfin au rythme du professionnalisme. L'hygiène de vie est respectée, les allers et retours à Manoppello, moins fréquents. Place au jeu, au foot, aux objectifs et aux matches couperets. Il en dispute 28 cette saison-là, avant d'exploser à la face du football italien l'année suivante, sous les ordres du rigoureux entraîneur, Zdeněk Zeman : 31 matches de Série B, six passes décisives et un titre de champion, cela suffit à ce que plusieurs offres de clubs transalpins huppés arrivent sur le bureau du président de Pescara. Dont la Juventus Turin, que Verratti soutient depuis sa plus tendre enfance. Mais lorsqu'on est hors norme… Daniele Sebastiani est revenu sur cet été 2012 pour le moins agité : « Nous avons eu une kyrielle de propositions, dont la plus aboutie et la plus intéressante pour Marco était celle de la Juventus Turin. On avait également discuté avec le Genoa et Naples, jusqu'à l'arrivée très tardive dans le dossier des dirigeants du Paris Saint-Germain. C'est un agent italien, mandaté par le PSG, qui nous a contactés. Je suis donc allé à Paris avec Marco et ses représentants. Il y avait Leonardo, qui a facilité les choses, et en dix minutes seulement, tout le monde avait réussi à se mettre d'accord. On sentait que Marco était un peu triste de quitter sa ville, sa région, son pays, mais il a été séduit par le projet du PSG. Et surtout, il sentait qu'il aurait sa chance dans cet effectif. »

Dire oui au club de la capitale française, racheté quelques mois plus tôt par le Qatar, peut se comprendre. Financièrement, déjà, puisque le milieu de terrain italien, en une signature, passe de 100 000 euros brut annuels à Pescara à 60 000 mensuels en France. Sportivement, cela ressemble en revanche à un sacré pari. Ainsi qu'à une force de caractère à mettre au crédit de Verratti, débarqué dans la capitale française au même moment que Zlatan Ibrahimović, Thiago Silva ou encore Ezequiel Lavezzi, stars du football international qui font saliver les supporters du PSG.

Lui, en toute logique, débarque sur la pointe des pieds. Sans que Leonardo, qui a tant insisté pour obtenir ses services, et Carlo

Ancelotti, l'entraîneur, émettent le moindre doute sur ses qualités techniques. Ces dernières, désormais connues de toute la planète foot, sautent vite aux yeux. Dès 2012. Verratti, et son centre de gravité si bas, est un manieur de ballon hors pair, capable de le conserver dans toutes les positions et à chaque instant. Expert techniquement, doté de qualités physiques au-dessus de la moyenne, il avale les kilomètres comme il fait taire les sceptiques. À tel point qu'un an, seulement, après son arrivée, il prolonge son contrat et multiplie son salaire par quatre. La fusée est lancée, continuant à ce jour d'illuminer le ciel parisien, en dépit des défaites cruelles, en Ligue des champions, et des critiques, récurrentes, qui reviennent à son sujet, et tournent toutes autour de son hygiène de vie. « Les meilleures années durant lesquelles un footballeur se sent le mieux physiquement, mentalement et techniquement, c'est entre 25 et 30 ans, explique Jérôme Rothen, l'ancien footballeur devenu consultant vedette de la radio RMC. Verratti, il est exactement dans ses meilleures années. Et dans ses meilleures années, on constate qu'il y a beaucoup de blessures, qu'il rate quasiment 50 % des matches du PSG. Le problème, c'est qu'il ne va pas changer. Son rythme de vie et sa vie privée sont comme ça, ça lui appartient et je n'ai rien à dire là-dessus. Mais quand tu fumes, quand tu bois, quand tu aimes les sorties, quand tu as des matches à répétition et que tu te permets quand même d'aller à des anniversaires, ça va contre ton hygiène de vie et ton corps te le rend d'une certaine façon. C'est-à-dire que tu te blesses et ça t'empêche d'être régulier. » Verratti et le goût de la fête, pas vraiment un cas isolé. Notamment au PSG, avec le Brésilien Neymar, également montré du doigt pour sa propension à évacuer le stress autour du dance-floor et de quelques verres. Seul souci, et les journalistes s'en délectent, les absences de l'Italien ont poussé certains à faire les comptes : autant de chiffres costauds qui laissent clairement transparaître le malaise. Marco Verratti, depuis son arrivée à l'été 2012, a ainsi manqué 107 matches du Paris Saint-Germain. A souffert de 29 blessures en tous genres et compté jusqu'à 700 jours d'absence. L'équipe nationale italienne, la Squadra Azzurra, n'a pas, non plus, été épargnée puisque Verratti a manqué le championnat d'Europe 2016 et le début du suivant, en 2021, en raison d'une contusion au genou.

Autre sujet de tension, tout aussi perceptible, la faculté de Verratti à sortir de ses matches et récolter des cartons jaunes. Là encore, le chiffre est effarant : 120 reçus, à ce jour, depuis ses débuts en Ligue 1. Et des propos qui, parfois, créent le scandale, comme cette sortie médiatique malvenue après une défaite sur le terrain du Football Club de Nantes : « Ce n'est pas possible qu'on prenne 10 cartons jaunes [6 en réalité, NDLR]. On ne peut pas parler avec l'arbitre, on ne peut rien faire. C'est le seul arbitre au monde qui peut faire une chose comme ça (...) Parfois, avec les arbitres, il faut prendre ses responsabilités, parce que là, on s'est fait chier dessus avec eux. »

Verratti pourra, toujours, s'excuser, il est aujourd'hui dans le viseur. Catalogué roi de l'embrouille. Catalogué joueur au talent immense dont l'heure internationale pourrait sonner dans les prochains mois. Verratti au sommet, c'est l'assurance pour l'Italie de réaliser une grande compétition. Et de décrocher le Graal pour que son destin reste extraordinaire.

RYAD MAHREZ, UNE ASCENSION MÉTÉORIQUE

Drôle d'endroit pour une rencontre. Ou pour un début de carrière que personne ne pouvait décemment imaginer dans le Finistère. Bienvenue à Quimper, capitale de la Cornouaille, plus attirante pour son fleuve de l'Odet, qui traverse la ville, que pour son équipe de foot, descendue dans les bas fonds du football régional. C'est pourtant ici, et nulle part ailleurs, que débarque un certain Ryad Mahrez au printemps 2009. Surprenant pour un Franco-Algérien de 18 ans qui n'a connu, jusqu'ici, que la banlieue parisienne et la commune de Sarcelles, et qui répète qu'il sera joueur professionnel : « Je me souviens encore d'un ami, surveillant dans le collège de Ryad, qui m'avait confié qu'il répétait à l'envi qu'il deviendrait joueur professionnel, témoigne Mohamed Coulibaly, directeur technique de l'AAS Sarcelles. Il avait une grande confiance en lui alors qu'il ne parvenait même pas à jouer en équipe première. Ça témoignait d'une grande force de caractère quand même » (Agence France-Presse, 2017).

Il en faut lorsque personne ne croit en vous, et qu'en dépit d'un soupçon de talent et d'une belle patte gauche, votre physique de gringalet vous renvoie à une plus dure réalité : les U19 de Sarcelles en qualité d'équipe et un championnat de Promotion d'honneur pour seule vitrine. « C'est en U19 que Riyad a tout explosé, précise Guy Ngongolo, l'un de ses premiers éducateurs sportifs. Il a eu le déclic et a franchi un cap. Je l'ai fait ensuite monter en seniors. Et ce qu'il faisait en U19, il le refaisait en seniors. Il était au-dessus du lot techniquement, il savait tout faire, son pied gauche était déjà comme une main » (*So Foot*, août 2015).

Direction Quimper, donc. Sans certitude, sans garantie. Avec un billet de train aller-retour à payer, ce que sa mère finira par faire après plusieurs jours de discussion, et un simple test de détection à effectuer pour des jeunes issus de la région parisienne. L'ancien entraîneur du club breton, Ronan Salaun, s'en souvient comme si c'était hier : « Ils étaient vingt au total et on n'en a retenu qu'un seul, lui. Riyad était encore jeune, pas très épais, un peu trop aspiré par le ballon, comme dans une cour d'école, mais il avait un talent fou et des capacités physiques incroyables qui lui permettaient de multiplier les efforts. Comme il n'était pas passé par des centres de formation – et je n'ai jamais compris pourquoi il n'avait pas été repéré avant –, il n'était jamais blasé, il écoutait, il progressait, il était souvent le dernier à quitter l'entraînement. Il nous racontait qu'il voulait signer au FC Barcelone, jouer la Coupe du monde. Ses copains le chambraient, lui disaient de commencer par jouer à Quimper » (France Info, juin 2020).

Ce que fait, et plutôt bien, le Franco-Algérien, qui ne prendra jamais le train du retour pour Sarcelles. Quimper, c'est pour une saison, salaire de 750 euros en poche et studio partagé avec le frère de Paul Pogba, Mathias. Rien de flamboyant, bien entendu, mais des matches de CFA (quatrième division) qui provoquent l'intérêt d'une institution du football français, le Havre Athletic Club. Pas de méprise, le club doyen, alors en seconde division, ne recrute pas Mahrez pour son équipe première, mais bel et bien pour sa réserve. Avec en ligne de mire un manque à combler, « celui de la rigueur et l'exigence », se souvient Johan Louvel, alors directeur du centre de formation : « On l'a bousculé là-dessus pour qu'il ne tombe pas dans la facilité. » En Seine-Maritime, le foot est une affaire de famille, et chez les Louvel, c'est le père qui dirige le club du HAC en qualité de président. Enclin à offrir un premier contrat professionnel à Mahrez au tout début de l'année 2011, six mois après son arrivée seulement, et à le pourrir, face à ses camarades au terme d'un match raté en seconde division. « Un jour, je lui ai en effet dit : "Si tu veux devenir un vrai professionnel un jour, arrête de te croire à la plage !" Riyad n'avait pas la rigueur de travail nécessaire. C'est ce qu'il a fallu lui faire acquérir. Il lui est arrivé de faire des matches comme s'il était à la plage, avec du talent mais aussi du dilettantisme. Je voulais lui faire comprendre qu'il fallait garder cette fraîcheur et cette créativité mais prendre un peu de rigueur nécessaire au monde professionnel » (RMC Sports, mars 2016).

L'histoire ne dit toujours pas si les propos présidentiels ont été déterminants, mais c'est un autre membre du club normand qui, en revanche, va l'être. Successeur de Cédric Daury sur le banc de touche, Erick Mombaerts fait, lui, aussitôt confiance à ce milieu de terrain que personne ne connaît. Aligné sur le côté droit du milieu de terrain, Mahrez affiche ses qualités techniques, bien au-dessus de la moyenne, et profite du temps de jeu pour marquer (10) de temps à autre, et délivrer des passes décisives (10). À l'hiver 2014, un début de consécration intervient avec des appels répétés des dirigeants de Leicester, en Angleterre, dont le club tente alors de se hisser en première division anglaise. Problème, et vous avez le droit d'en rire, il ne connaît pas cette ville et n'a aucune envie d'y aller ! « Quand j'entends Leicester City pour la première fois, je me dis : c'est qui cette équipe de rugby ? Franchement, je ne voulais pas y aller. Devant leur insistance, j'ai même été contraint d'éteindre mon téléphone afin de passer mes vacances tranquillement à Sarcelles. Avec les potes, on jouait chaque jour des matches de foot, mais Leicester n'a jamais abdiqué. Un jour, j'ai tout de même ouvert mon ordinateur pour regarder les statistiques, le stade, etc. J'ai constaté que Leicester était 1er en Championship. À la demande de ma mère, j'ai alors accompli une prière de consultation et je n'ai vu que des signes positifs. Avec le temps, je reconnais que j'ai fait le meilleur choix, car Leicester City m'a propulsé vers le haut » (DZfoot, juillet 2021).

Quimper, Le Havre, Leicester, trois clubs en quatre ans et une cote qui grimpe en flèche avec un transfert officialisé au mois de janvier 2014 pour 500 000 euros. Montant dérisoire qui correspond assez vite à un coup de génie des Foxes (surnom des membres de Leicester) face à ce qui se produit dans les mois qui suivent. Car non seulement Mahrez, auréolé de quelques apparitions en Championship, devient un membre à part entière de l'équipe nationale d'Algérie, avec qui il participe à la Coupe du monde au Brésil (élimination en 8e de finale face à l'Allemagne), mais il se fait également un nom, et pas un petit, de l'autre côté de la Manche, en alignant les matches et les succès. À tel point qu'en 2015-2016, Leicester, qui n'avait jusque-là rien gagné dans son histoire et dont les bookmakers imaginaient le titre de champion à hauteur d'une cote de 5 000 contre 1…, décroche le titre suprême à la surprise générale, sous les ordres de l'entraîneur italien Claudio Ranieri. Au même titre que le Français N'Golo Kanté, débarqué à Leicester dans le plus grand anonymat, Mahrez se voit propulser au sommet un an et demi après son transfert du Havre. Il est élu meilleur joueur de la saison en Angleterre et meilleur élément des Foxes par les supporters. Les plus grands clubs européens (Manchester City, Arsenal, Paris Saint-Germain, FC Barcelone), par la force des choses, se bousculent déjà auprès de son agent, pressés de recruter un joueur qui s'apparente encore à une très bonne affaire. Mais si N'Golo Kanté, lui, signe à Chelsea au lendemain du titre, Mahrez, est prié de rester et prolonge donc son contrat. Une erreur qui va durer deux saisons et mal se terminer, si l'on en juge les propos du Fennec : « Après l'année du titre, si j'étais parti dans une top équipe, ça n'aurait plus été la même histoire. Pour moi, il est clair que j'ai perdu deux ans au très haut niveau. Arsenal, c'était presque fait. Leicester m'a bloqué. Ils m'ont répété : "Tu ne pars pas !" J'étais vraiment frustré. Ce n'est pas facile de passer de meilleur joueur de Premier League à élément d'une équipe qui se bat pour son maintien. J'ai perdu deux ans ! Parce qu'au lieu d'arriver à 27 ans à City, j'aurais pu y être à 24, 25 ans » (*France Football*, novembre 2019).

Pour la gratitude, on repassera. Mais pour le palmarès, objet de tous les désirs chez chaque footballeur, force est de reconnaître que l'Algérien dit juste. Sous la direction de Pep Guardiola, à City, Mahrez justifie les 68 millions d'euros investis, s'adjuge deux nouveaux titres de champion (2019, 2021), une Coupe de la Ligue (2021), une Coupe d'Angleterre (2019) et une place en finale de la Ligue des champions, perdue face aux Blues de Chelsea. C'est également sous les couleurs des Citizens que l'Algérien décroche son tout premier titre avec les Fennecs lors de la Coupe d'Afrique 2019. L'ascension météorique de Mahrez, devenu professionnel il y a seulement onze ans, aurait dû, en toute logique, le voir participer à la Coupe du monde au Qatar. Le Cameroun, pour quelques secondes lors d'un match retour de barrage, en a décidé autrement. Rien ne dit qu'une nouvelle occasion se présentera pour Mahrez, 31 ans, dans quatre ans, lors de la 23e édition. Mais comment émettre un pronostic avec un joueur qui n'a eu de cesse, depuis toujours, de les déjouer ?

Imprimé en France par CPI
en mai 2022

composé par Facompo, Rouen

Dépôt légal : mai 2022
N° d'impression : 2063445